AF361102

OEUVRE

DE REMBRANDT.

Se trouve à Paris,

Chez
{
Firmin Didot père et fils, rue Jacob, n° 24 ;
Bossange père, rue de Richelieu, n° 60 ;
Renouard, rue de Tournon, n° 6.

Et à l'Étranger,

Londres, Martin Bossange et Cie, 14 Great Malborough-street :
Amsterdam, Dufour et Dascagne ;
Vienne, Schalbacher.

IMPRIMERIE DE FIRMIN DIDOT,
RUE JACOB, N° 24.

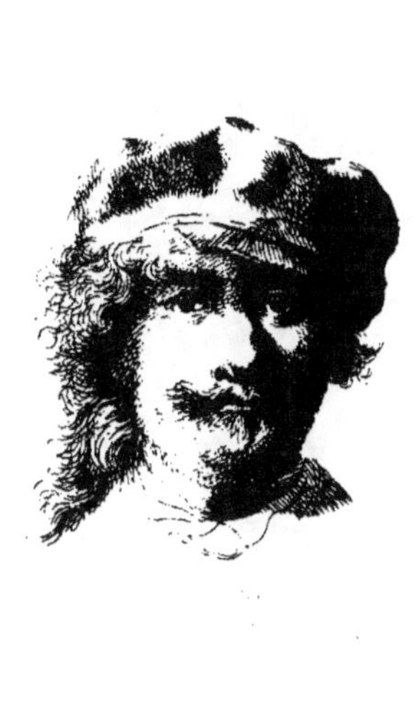

Catalogue

RAISONNÉ

DE TOUTES LES ESTAMPES

QUI FORMENT L'OEUVRE

DE REMBRANDT,

ET

DES PRINCIPALES PIÈCES DE SES ÉLÈVES,

COMPOSÉ PAR LES SIEURS

GERSAINT, HELLE, GLOMY ET P. YVER.

Nouvelle Édition

CORRIGÉE ET CONSIDÉRABLEMENT AUGMENTÉE.

PAR M. LE CHEV. DE CLAUSSIN.

Dédié aux Amateurs des Beaux-Arts.

Paris,

DE L'IMPRIMERIE DE FIRMIN DIDOT,

IMPRIMEUR DU ROI, RUE JACOB, N° 24.

1824.

AVANT-PROPOS.

De tous les peintres qui ont gravé à l'eau-forte, il n'en est aucun dont les estampes aient été de tout temps aussi généralement recherchées que celles de Rembrandt. Une description exacte et détaillée de ces pièces devenait par conséquent un secours précieux et même indispensable pour les amateurs empressés de les recueillir, mais embarrassés dans leur jugement par la variété infinie des épreuves.

Gersaint, dont l'occupation ordinaire consistait à conduire à Paris les ventes d'effets curieux, dont il composait lui-même les catalogues, qui tous prouvent ses grandes connaissances, fut le premier qui conçut l'idée de donner au public un catalogue raisonné de l'œuvre de Rembrandt.

Il se servit, pour faire ce catalogue, d'un très-bel œuvre qui appartenait alors à Jacques Hou-

a

braken, graveur, qui en avait fait l'acquisition
à la vente du cabinet du Bourgmestre Six, ami
intime de Rembrandt. Enrichi depuis par des
observations que messieurs Helle et Glomy avaient
tirées de l'examen des œuvres les plus renommés
de Paris, tels que ceux de Marolles et de Be-
ringhen à la bibliothèque du Roi; de Coypel,
premier peintre du Roi; de Silvestre, dessinateur
du Roi; de M. de Julienne; de M. d'Argenville,
maître des Comptes; et de M. Potier, etc., ils le
firent imprimer en 1751, en 1 vol. in-8º.

Cet ouvrage trouva près du public tout l'accueil
qu'il méritait, d'autant plus qu'on fut porté à le
regarder comme parfait dans son genre, à en juger
par les soins que ses auteurs avaient employés.
Mais telle est la nature des estampes de Rembrandt, que le mot de perfection, en rapportant
ce terme à l'état complet de leur rassemblement
dans un recueil, peut être prononcé beaucoup
plus rarement, que dans les cas où il s'agit des
ouvrages de tout autre artiste. Le nombre vraiment prodigieux de ses estampes, la variété des
épreuves causée par les changements faits sur les

planches, la difficulté de distinguer les différences de ces épreuves qui souvent ne consistent qu'en quelques petits traits presque imperceptibles; l'impossibilité, pour ainsi dire, de trouver rassemblées, dans une même collection, des pièces extrêmement rares, et d'autres encore, qui sont regardées comme uniques, et qui sont dispersées dans différens pays : tout cela contribuait nécessairement à faire produire par Gersaint, Helle et Glomy, un ouvrage qui à l'égard de la chose même ne pouvait être qu'imparfait, c'est-à-dire incomplet, et à ne laisser en quelque sorte à ses auteurs que le mérite d'avoir les premiers frayé le chemin.

Telle était du moins l'opinion que je m'étais formée du travail de mes prédécesseurs ; mais plus tard, à la vue du superbe* œuvre de Rembrandt qui avait appartenu à J. Barnard, esq., amateur anglais, j'acquis la conviction que le catalogue de

---

* Cet œuvre, qui dans son origine avait été en partie formé de pièces provenant du cabinet du Bourgmestre Six, fut complété ensuite par J. Barnard, amateur zélé et généreux.

Gersaint laissait beaucoup à désirer. En effet, le grand nombre de premières épreuves et épreuves d'essai que renfermait cette collection, et qui avait même échappé à la connaissance des éditeurs de Gersaint, en me faisant connaître toute l'imperfection de leur travail, me fit concevoir l'idée de donner, un jour, une édition perfectionnée de leur catalogue.

De tout temps Rembrandt a été mon maître de prédilection; je l'ai beaucoup étudié, et j'ai tout employé pour le bien connaître : pour compléter mes connaissances je n'ai pas hésité à faire plusieurs voyages en Hollande, où j'ai reçu de la part des amateurs de ce pays toute l'assistance possible, et particulièrement de M. le chevalier Apostoles, directeur du Musée royal à Amsterdam, dont l'accueil obligeant m'a été de la plus grande utilité. M. Denon, dont le riche cabinet est aussi connu des amateurs que l'extrême politesse avec laquelle il reçoit toutes les personnes de goût qui désirent voir les objets précieux et rares qu'il a recueillis, m'a aussi laissé consulter son œuvre de Rembrandt. M. Révil, amateur distingué, et possesseur d'un des premiers cabinets de Paris, ainsi que M. Robert, notaire, ont eu également la complaisance de me communiquer ce qu'ils possèdent en estampes de Rembrandt.

Parmi le petit nombre de pièces que Helle et Glomy ont, à tort, attribuées à Rembrandt, j'ai cru devoir en supprimer trois ou quatre, sur lesquelles l'opinion des connaisseurs n'hésite plus maintenant. Quant à celles sur lesquelles il existe encore quelque doute, je les ai conservées en y ajoutant mes observations.

Mon intention étant de donner un catalogue des estampes de Rembrandt exclusivement, j'ai omis tout ce qui est gravé d'après lui, à l'exception cependant des estampes les plus intéressantes de ses élèves, parmi lesquelles se trouvent des morceaux vraiment dignes du maître, et que lui-même n'aurait point désavoués.

Afin de faire connaître aux nouveaux amateurs la manière de graver de Rembrandt, j'ai mis à la tête du présent catalogue le portrait de ce maître que j'ai copié d'après un des plus ressemblants qu'il ait faits lui-même, lequel est énoncé sous le n° 2, observant qu'il est en contre-partie à l'original; se trouve par conséquent éclairé ici par la gauche de l'estampe *; et que, pour en rendre l'impression plus facile, je l'ai gravé sur une planche plus grande, en y ajoutant une imitation des bords dentelés et raboteux, qui se trouvent à la majeure partie des premières épreuves que Rembrandt a tirées de ses planches.

Croyant enfin avoir à-peu-près atteint le but que je m'étais proposé, encouragé d'ailleurs par les instances de mes amis, je me suis décidé à faire paraître cet ouvrage : je le soumets au public, comme le fruit de trente-six années d'études et de recherches, et par cette considération j'ose espérer qu'il l'accueillera avec bienveillance.

* *Nota.* L'on entend par la droite ou la gauche de l'estampe, ou bien la droite ou la gauche seulement, sans autre désignation, la partie qui est relative à la main droite ou gauche de celui qui la regarde.

ABRÉGÉ

DE LA VIE

DE REMBRANDT.

Rembrandt, d'une naissance obscure, a su par son génie en relever la bassesse. Il était fils d'un meunier, nommé Herman Gerriste, surnommé Van-Rhin, à cause qu'il occupait un moulin situé sur le bord d'un canal formé par les eaux du Rhin, entre les villages de Lyerdorp et de Koukerck, près la ville de Leyde. Sa mère, appelée Cornélie Van-Suidbroeck, le mit au monde dans ce même moulin, le 15 juin 1606, et on lui donna au baptême le nom de Rembrandt, qui est le seul sous lequel ce célèbre artiste soit connu; on y ajoute le surnom de Van-Rhin, a cause de son père, qui le portait par la raison que l'on vient de dire.

Rembrandt ayant donné de bonne heure des marques d'un génie vif, cela obligea son père à faire tous ses efforts pour lui procurer une éducation différente de celle que son état semblait lui permettre; il l'envoya pour cet effet au collége de Leyde pour y faire ses humanités, mais la passion qu'il se

sentit pour la peinture ne lui permit pas de diffé-
rer long-temps à s'y livrer. Les auteurs qui ont écrit
sur Rembrandt, varient sur le maître qui lui donna
les premiers principes de l'art; les uns attribuent
cet honneur à Georges Van Schooten, et d'autres à
Jacques Pinas. Houbraken assure que ce fut Jacques
Van-Swanenbourg, chez lequel cet illustre élève
demeura trois ans; qu'ensuite il entra chez Pierre
Lastman, peintre d'Amsterdam, où il ne resta
qu'environ six mois, et qu'enfin il travailla quelque
temps chez Jacques Pinas. Quoi qu'il en soit de ces
opinions, il est certain que Rembrandt n'a dû son
goût qu'à lui-même.

Jamais on n'a vu de peintre dont la manière ait été
aussi singulière dans ses tableaux, ainsi que dans
ses dessins et ses estampes. On le regarde comme
le plus fier coloriste de toute la Flandre. On sait
que les maîtres de cette école se sont particulièrement attachés à cette partie, mais il semble que
Rembrandt l'ait pratiquée d'une façon toute contraire à ses compatriotes, dont les ouvrages sont
pour l'ordinaire extrêmement fondus et léchés;
pour les siens, on y voit la touche des plus grands
maîtres vénitiens. Il était si certain de l'effet de ses
couleurs, qu'il les plaçait successivement les unes
sur les autres, sans les fondre, ce qui rend de près
ses tableaux raboteux, mais d'une certaine distance,
produit un effet merveilleux. Cependant il a quel-

quefois fondu, principalement ses têtes de femmes ,
pour leur donner plus de suavité.

Il semble que la pratique de sa gravure tienne
de sa peinture ; on n'y voit point ce travail arrangé
qui se trouve dans les estampes des autres graveurs :
son génie libre semble s'y jouer, et ses tailles, quoiqu'elles paraissent tracées au hasard, rendent cependant dans la plus grande vérité les différents
effets qui conviennent aux objets qu'il a voulu représenter : ses estampes par ce moyen deviennent
extrêmement piquantes ; aussi la plupart des artistes, qui quelquefois ne font pas grand cas de nos
meilleures estampes finies avec soin, recherchent
avec ardeur celles de Rembrandt. En effet, elles
sont une source inépuisable d'intelligence du clair-
obscur, partie dans laquelle il est si difficile de
réussir, comme il paraît par le peu de peintres qui
y ont excellé : et quel peintre eût été Rembrandt,
si, plus correct dans son dessin, il se fût appliqué
à rendre la belle nature, telle qu'elle se voit dans
les antiques, et dans les ouvrages des grands maîtres italiens ! Mais peu soigneux de s'écarter du na-
turel grossier de son pays, il a fait ses compositions
dans un goût pesant, et très-souvent ignoble ; il
affectait même une singularité qui allait jusqu'au
burlesque dans les sujets qui en étaient le moins
susceptibles ; il s'attachait surtout à donner à ses
figures des habillements et des coiffures extraordi-

naires : il avait à cette fin rassemblé un grand nombre de bonnets orientaux, d'armes anciennes, et d'étoffes depuis long-temps hors d'usage; et lorsque ses amis lui reprochaient de négliger l'imitation des belles antiques, il leur montrait cet assemblage, en leur disant que c'était là ses antiques. Quand il a voulu introduire le nu dans ses compositions, c'est alors qu'il n'était pas supportable, et quoiqu'il ait donné une grande vérité à ses chairs, les mauvaises attitudes de ses figures, principalement celles des femmes, jointes à leurs proportions outrées, en font des objets très-désagréables, et un amateur ne peut leur donner son approbation, quoique d'un coloris admirable.

La partie la plus brillante de Rembrandt sont ses portraits; ils feront toujours les délices des connaisseurs, et il en est peu qui n'effacent ceux des meilleurs maîtres. On sait qu'il leur donnait un relief à tromper, comme il l'éprouva par le portrait de sa servante qui fut pris pour elle-même, Rembrandt l'ayant placé à une croisée de sa maison, ainsi que le rapporte Piles dans sa vie des peintres.

Le goût dominant de Rembrandt était de donner à ses compositions des effets d'une lumière accidentelle *, qu'il tirait ordinairement d'en haut,

---

* On appelle en peinture lumière accidentelle, celle qui est produite par un flambeau, ou quelque coup de soleil qui

ce qui produisait de fortes ombres, avec des jours extrêmement piquants. Cependant ses ombres ne sont point tranchantes, comme on les remarque dans le Caravage, le Valentin, et quelques autres peintres; et les demi-teintes qui les unissent aux clairs, les fondent de manière que l'objet en paraît d'un relief étonnant. On voit pourtant de lui des morceaux entièrement éclairés, dont l'effet n'est pas moins admirable que dans ses compositions les plus ombrées.

Entre les illustres amis que les talents de Rembrandt lui avaient acquis, le Bourgmestre Six était son plus intime; il allait souvent à une maison de campagne que ce magistrat avait aux environs d'Amsterdam, ce qui nous a procuré la plupart des beaux paysages de son œuvre; car cet habile artiste avait tant d'attachement pour son art, que négligeant presque tous les divertissements que l'on prend ordinairement à la campagne, il n'en connaissait point de plus grand que celui que lui procurait la gravure : pour se satisfaire, il avait toujours soin de porter des planches toutes préparées au vernis, sur lesquelles il gravait directement avec la pointe les vues qui lui faisaient le plus de plaisir; on trouve même dans son œuvre un paysage

passe à travers un nuage, ou dont l'effet est rompu par quelque corps opaque.

qu'il grava en attendant le dîner, connu sous le nom du Pont de Six.

Rembrandt se maria en Hollande, à une femme très-entendue dans le débit de ses ouvrages, qu'elle vendait fort cher. On rapporte à ce sujet une histoire singulière. Elle engagea son mari à sortir secrètement d'Amsterdam, et à s'absenter pendant quelque temps; alors elle fit courir le bruit qu'il était mort, et en prit le deuil : l'effet qu'elle se promettait de ce stratagème, était d'engager les curieux à venir lui demander avec empressement les ouvrages de Rembrandt, qu'elle leur faisait alors valoir, en leur disant qu'il n'était plus en état d'en faire d'autres : quelque temps après il reparut. Cette histoire pourrait bien être une fable, imaginée sur la réputation de cette femme, qui avait le talent de bien vendre les ouvrages de son mari.

Rembrandt a plusieurs fois gravé le portrait de sa femme, entre autres on le voit dans une petite pièce fort jolie, avec le sien, et quelques feuilles de griffonnements. On prétend en Hollande que c'est à tort que Piles marque, dans la vie de Rembrandt, que ce maître était à Venise en 1635 et 1636. La raison qu'on en donne, est qu'il ne paraît point par les ouvrages qu'il a faits postérieurement à ces années, qu'il ait rien pris du coloris des grands maîtres vénitiens ; raison qui ne semble point convaincante, puisqu'on pourrait de même nier que Rembrandt ait jamais eu une collection nombreuse de dessins et d'estampes des grands maîtres italiens, ainsi que le rapporte Piles, parce que certainement il n'a point profité de ces savantes études : cependant on ne conteste point en Hollande qu'il n'ait eu effectivement ce recueil, qui a été dispersé depuis sa mort en divers cabinets. Au reste, la preuve de ce voyage de Rembrandt à Venise se trouve dans trois têtes de son œuvre, où se voit écrit de la main de ce maître, *Rembrandt Venetiis*, 1635. Il est vrai qu'on n'en voit point qui soit marquée de l'année 1636; ainsi il pourrait tout au plus être probable qu'il n'était à Venise que dans l'année 1635. Cet excellent peintre mourut à Amsterdam, selon Piles, en 1668, et selon Houbraken, en 1674.

La manière de graver de Rembrandt tient en quelque façon de celle de Benedette ; mais son originalité consiste en ce qu'on y trouve joint à l'eau-forte la pointe sèche ébarbée, et non ébarbée quand il voulait obtenir de cés tons rembrunis et veloutés qui approchent beaucoup de la manière noire.

La plupart des premières épreuves ont été tirées sur du papier soie de la Chine, et c'est principalement dans celles-là que l'on trouve, dans plusieurs parties, beaucoup de cette espèce de manière noire. Il paraît, d'après les différences qui se trouvent dans les épreuves d'une même planche, que Rem-

brandt ne cherchait point à terminer ses planches
au premier coup, mais préférait y revenir à plusieurs
reprises, afin d'être plus sûr d'arriver à la perfection
des effets qu'il en désirait. Ainsi ces épreuves non
terminées qu'il tirait en très-petit nombre comme
essais, uniquement pour connaître l'état de ses
planches, sont devenues des raretés fort recherchées,
surtout par les amateurs artistes.

On reconnaît la plupart de ces épreuves d'essais,
à la négligence avec laquelle elles ont souvent été
imprimées, c'est-à-dire lorsque le fond en est
sale * ou taché; et à l'irrégularité des bords, qui
s'y trouvent marqués et raboteux **: lesquelles dé-

---

* Lorsqu'une planche n'est préparée qu'à la pierre à l'eau,
ou au charbon, et qu'elle n'est pas polie avec le brunissoir
avant de la graver; il arrive souvent que cette même planche
ne pouvant être essuyée convenablement à l'impression, l'é-
preuve que l'on en tire ne vient point nette dans les fonds,
et se trouve teintée comme si on y avait passé un lavis plus ou
moins léger à l'encre de Chine. C'est ce que l'on appelle fond
sale, en terme de graveur; et ne se voit ordinairement qu'aux
premières épreuves. Cette saleté peut également provenir de
la manière dont une planche est essuyée à l'impression.

** Rembrandt se servait de limes grossières, ou de gratoirs,
pour arrondir les bords de ses planches en manière de biseaux,
sans s'inquiéter des défectuosités qui pouvaient en résulter
dans les épreuves, et où ces mêmes bords se voient marqués

fectuosités ont été corrigées par l'artiste même en terminant ses planches.

Pour ne point refroidir ses compositions, Rembrandt les dessinait quelquefois directement sur ses planches, sans faire, comme les autres graveurs, des dessins arrêtés, qu'ils décalquent ensuite sur leurs planches; et même les dessins qu'il traçait avec la pointe pour les estampes entièrement à la pointe sèche et au burin, n'étaient que de simples croquis, souvent informes, qu'il terminait ensuite avec soin, comme il paraît par la pièce qui représente un atelier de sculpteur, que Rembrandt n'a pas achevée, où se voit une statue qui n'est que tracée à la pointe, et un homme qui dessine d'après cette figure, aussi tracé à la pointe, et très-peu arrêté.

Dans le grand nombre de dessins que Rembrandt a laissés, on y trouve une quantité infinie de griffonnements très-imparfaits, à l'exception de quelques portraits et paysages qu'il était obligé de dessiner d'après nature. Il ne faisait apparemment des dessins que pour développer ses idées : aussi y voit-on souvent le même sujet retourné de plusieurs manières différentes; et comme il les destinait à l'oubli, il ne s'embarrassait guère de les terminer

---

d'une manière dentelée et raboteuse, devenue aujourd'hui un indice de primauté.

avec soin. J'en ai cependant vu, de très-capitaux quant à la composition, qu'il avait terminés soigneusement, quoique toujours un peu heurté, mais avec cette énergie naturelle, qui le distingue des autres artistes.

OEUVRE
DE REMBRANDT.

PREMIÈRE CLASSE.

PORTRAITS DE REMBRANDT, OU TÊTES QUI LUI
RESSEMBLENT.

1. Portrait de Rembrandt aux cheveux crépus, sans année.

LE buste d'un jeune homme. Sa tête est vue de face, placée
un peu sur la gauche d'où vient le jour. Ses cheveux sont
crépus, courts et élevés sur le sommet. On voit au haut de
son habit un petit collet blanc ouvert par le milieu. Le fond
est clair, à l'exception d'une ombre légère, qui occupe le bas
de la partie droite. On lit au-dessus de cette ombre en petits
caractères : *Rt.* Ce morceau est fort difficile à rencontrer, beau
d'épreuve.

Hauteur : 2 pouces 2 lignes. Largeur : 1 pouce 10 lignes.

J'ai vu dans l'œuvre de Rembrandt, qui appartenait à M.
le comte de Vries, de Vienne en Autriche, une très-belle
épreuve de ce petit portrait, qui diffère de l'épreuve ordinaire, en ce que la planche est un peu plus grande et raboteuse sur les bords.

I

2. Portrait de Rembrandt aux trois moustaches.

Une simple tête très-ressemblante à Rembrandt, parfaitement gravée. Elle est droite, vue de face, garnie de trois moustaches, une au menton et deux à la lèvre supérieure, et coiffée d'un bonnet qui est une espèce de toque, dans le goût de celle d'un Mézétin, et qui tombe un peu sur l'œil droit. Ses cheveux sont courts à la gauche, et pendants à la droite. Elle n'est gravée que jusqu'au bas du cou, et éclairée par la droite.

Hauteur : 1 pouce 11 lignes. Largeur : 1 pouce 7 lignes.

J'ai possédé une première épreuve de cette jolie tête, où l'œil du côté éclairé était moins grand, et généralement moins travaillée.

3. Rembrandt portant un oiseau de proie.

Il est vu de face, ses cheveux sont crépus, et couverts d'un bonnet, dont il s'est presque toujours servi. Son corps est dirigé vers la gauche ; son habit est garni de boutonnières des deux côtés, ainsi que la manche qui est ouverte. Il tient sur son bras droit un oiseau de proie, ressemblant à un faucon.

Ce morceau n'ayant pas réussi à l'opération de l'eau-forte, Rembrandt l'a retouché à gros traits de burin, qui le rendent dur et sec, et que, lui ayant déplu, il l'a effacé : ce qui en cause la rareté.

Hauteur : 4 pouces 8 lignes. Largeur : 3 pouces 7 lignes.

4. Portrait de Rembrandt au nez large.

Buste de jeune homme ressemblant à Rembrandt, qui est toujours reconnaissable à la grosseur de son nez, à la rondeur de son visage, à ses cheveux crépus et quelquefois hérissés, et enfin à l'épaisseur de ses lèvres. Celui-ci est gravé durement et à grosses tailles. Sa tête qui est nue, est vue de face ; ses cheveux sont frisés, et son nez est d'une largeur extraordinaire par le bas. Il a le cou nu et le corps enveloppé d'un manteau. Le fond est clair, et ombré d'une double taille, seulement dans la partie gauche, à la hauteur de l'épaule. Il est éclairé par la droite. Ce portrait est un des plus rares de cette classe.

Hauteur : 2 pouces 7 ligues. Largeur : 2 pouces 2 lignes.

5. Portrait de Rembrandt au visage rond.

Ce buste est gravé d'une pointe fine et dure, dont le fond est tout blanc. Il est aussi très-rare. La tête qui est nue, est vue presque de face, et les yeux sont couverts. Il a les cheveux crépus, le visage rond et le nez gros ; il est éclairé par la droite, et un peu tourné de ce côté. Les épaules ne sont exprimées que par un seul trait de chaque côté ; la poitrine y est légèrement ombrée avec des lignes tirées de la gauche à la droite.

Hauteur : 1 pouce 7 lignes. Largeur : 1 pouce 6 lignes.

Il y a quatre épreuves différentes de ce petit buste.

Première épreuve. Elle est en général moins travaillée. La planche est plus grande ; car elle porte 2 pouces 4 lignes de hauteur sur 1 pouce 9 lignes de large dans le haut, et 1 pouce 10 lignes dans le bas.

Seconde épreuve. Elle est plus terminée que la première. Le visage, et surtout le menton, y sont travaillés avec des hachures dures, et l'on n'y trouve point de tailles fines dans le fond, comme dans la première. La planche paraît ne pas avoir été ébarbée ; du reste elle a la même grandeur.

Troisième épreuve. C'est celle qui est décrite. La planche est rognée, et les barbes éclaircies.

Quatrième épreuve. Elle diffère de la troisième en ce qu'une petite taille en zigzag sur l'épaule gauche est effacée.

1 .

6. Portrait de Rembrandt avec le bonnet fourré et l'habit noir.

Buste de jeune homme, gravé d'un ton dur et d'une taille grossière. Il paraît être de ses premières manières, et c'est une des moindres choses qui soient sorties de sa pointe. Il n'y a ni nom, ni année, mais il est incontestablement reconnu pour être de lui. La tête y est vue de face; elle est coiffée d'un bonnet fourré, qui penche un peu sur l'œil droit; ses cheveux sont frisés, pendants sur l'épaule droite, et relevés de l'autre côté. Il regarde vis-à-vis de lui, et le corps est dirigé vers la gauche, d'où vient le jour. Le fond en est clair, à l'exception d'une petite partie de la droite, qui est ombrée d'un double trait à la hauteur de l'épaule. Quoique ce morceau soit médiocre, il est extrêmement difficile à rencontrer.

Hauteur : 2 pouces 5 lignes. Largeur : 2 pouces 2 lignes.

Il y a deux épreuves différentes de ce morceau.

Première épreuve. Tirée de la planche entière, portant 3 pouces de hauteur sur une largeur égale, elle est de la plus grande rareté.

Seconde épreuve. La planche coupée par le bas et par les deux côtés, réduite à la grandeur de l'épreuve, qui est décrite ci-dessus.

7. Portrait de Rembrandt au chapeau rond, et manteau brodé.

Ce portrait a été gravé par Rembrandt étant encore jeune. La tête presque de face est garnie de cheveux crépus, et couverte d'un chapeau rond dont le bord est relevé par devant, le corps est dirigé vers la gauche. Il porte au cou une fraise à dentelles plissée. Il est couvert d'un riche manteau doublé de fourrure, et relevé un peu sur l'épaule. Sa main gauche qui est gantée et ornée d'une manchette brodée, sort de dessous le manteau. Le fond est couvert de tailles sur la gauche et le haut de l'estampe. On lit au haut de la gauche, au-travers des tailles : *Rt.* 1631, et à droite : *Rembrandt.*

Hauteur : 5 pouces 6 lignes. Largeur : 4 pouces 10 lignes.

Première épreuve. De la plus grande rareté. On n'y voit que la tête et les cheveux avec le chapeau, qui soient légèrement et finement gravés ; tout le reste du corps n'est pas marqué, et le fond est tout-à-fait blanc. Je connais plusieurs de ces épreuves, où Rembrandt a dessiné le corps à la pierre noire.

Seconde épreuve. Le manteau est gravé, mais sans broderie. Il y a un coup de lumière sur la draperie qui couvre le bras gauche ; la fraise est unie sans dentelle ; le fond est blanc, à l'exception d'une ombre formée par des tailles irrégulières dans le coin du bas de la planche à droite. Cette épreuve est aussi fort rare.

Troisième épreuve. Le fond est couvert de tailles, principalement sur la gauche ; l'ombre du bas de la planche à droite est effacée ; le manteau est brodé, ainsi que la fraise. On lit au haut de la planche à gauche : *Rt.* 1631.

Quatrième épreuve. C'est celle qui est décrite. La dentelle y est beaucoup plus marquée et plissée. On lit au haut de la droite le nom de Rembrandt écrit en toutes lettres, ce qui n'est pas gravé dans les épreuves précédentes. Elle est aussi beaucoup plus finie et plus vigoureuse de ton en général.

8. Portrait de Rembrandt aux cheveux hérissés.

Une tête ressemblante à Rembrandt, dont les cheveux sont crépus, qu'ici on voit épars sur le sommet et tout autour. Elle est dirigée tant soit peu vers la gauche, et éclairée par la droite. La barbe est courte, et a presque l'air d'un poil follet. Le sourcil froncé, la bouche un peu de travers et les lèvres pincées produisent l'effet d'une grimace. Le fond est tout blanc.

Hauteur : 2 pouces 5 lignes. Largeur : 2 pouces 3 lignes

Il y a cinq différentes épreuves de ce morceau.

Première épreuve. Infiniment rare. La planche est plus grande, puisqu'elle porte 3 pouces 4 lignes de haut sur 2 pouces 10 lignes de large. Elle est d'un travail fin et assez spirituel.

Seconde épreuve. La planche est coupée, et la tête un peu plus travaillée.

Troisième épreuve. La tête y est encore plus travaillée, principalement à l'ombre qui suit la forme du nez.

Quatrième épreuve. Le toupet est couvert de tailles, et les ombres sont plus fortes.

Cinquième épreuve. Entièrement retouchée au burin, et les cheveux raccourcis par-derrière.

9. Portrait de Rembrandt aux yeux chargés de noir.

Autre buste de jeune homme. Sa tête est nue, garnie de cheveux frisés, vue de trois quarts, et dirigée vers la droite, d'où elle est éclairée. Ses yeux sont très-petits et un peu trop chargés de noir, ce qui les rend désagréables. Il a le nez fort gros, et sa bouche est pincée. Le fond n'est ombré que du côté gauche. Ce portrait est très-rare. On n'y voit ni nom ni année.

Hauteur : 2 pouces 5 lignes. Largeur : 2 pouces.

10. Portrait de Rembrandt faisant la moue.

La tête est nue et éclairée par la droite. Elle est vue de face ; le sourcil froncé et les lèvres pincées comme s'il faisait la moue. Les cheveux sont frisés et un peu hérissés. Le corps est couvert d'une fourrure, et dirigé vers la gauche. On voit deux petits traits penchés de gauche à droite, qui traversent le toupet des cheveux du haut de la tête.

Hauteur : 2 pouces 9 lignes. Largeur : 2 pouces 3 lignes.

Il y a deux épreuves différentes de ce morceau.

Première épreuve. Elle diffère en ce que la planche est plus grande, puisqu'elle porte 2 pouces 9 lignes de haut sur une égale largeur, et qu'elle est raboteuse sur les bords.

Seconde épreuve. C'est l'ordinaire, décrite ci-dessus.

11. Portrait de Rembrandt coiffé d'un bonnet en forme de toque.

Ce portrait est en demi-figure. La tête est vue presque de face, et coiffée d'une toque. Les bras sont enveloppés dans un manteau. La tête est plus terminée que le corps, qui n'est marqué qu'au trait, et il n'y a qu'une ombre légère vers la gauche.

Hauteur : 3 pouces 9 lignes. Largeur : 2 pouces 8 lignes.

Les premières épreuves sont ordinairement sur papier du Japon, et tirées de la planche non ébarbée.

Il est à observer que ce portrait étant celui d'un très-jeune homme, dont le visage est petit et maigre, ne peut être celui de Rembrandt, par la raison qu'il est gravé dans ses dernières manières ; mais comme ce portrait a quelque ressemblance à Rembrandt, je serais assez porté à le croire celui de son fils, nommé Titus.

12. Portrait de Rembrandt, de forme ovale.

Ce portrait est représenté avec un bonnet sur la tête. Ses cheveux sont crépus. Il est gravé à grosses tailles et fortement ombré. On le reconnaitra facilement à sa forme ovale formée par des doubles points triangulaires faits au burin, et dont le bas est à trois pans Extrèmement rare.

Hauteur : 2 pouces 5 lignes. Largeur : 1 pouce 11 lignes.

Il y a à la bibliothèque du roi une épreuve avant l'ovale formé par des points. Peut-être unique.

13. Portrait de Rembrandt à la bouche ouverte.

Ce buste de jeune homme est dirigé vers la gauche. Sa tête vue presque de face est éclairée par la droite. Ses cheveux sont frisés et hérissés vers le haut; sa bouche est ouverte; sa lèvre inférieure est saillante, et lui fait faire la grimace comme s'il ressentait quelque douleur. Il porte une robe ouverte par le haut; le fond est tout clair, à l'exception du bas de la gauche, où il y a quelques hachures. On lit au haut du même côté : *Rt.* 1630. Plus les bords de la planche sont raboteux et marqués, plus l'épreuve est belle.

Hauteur : 2 pouces 8 lignes. Largeur : 2 pouces 4 lignes.

Il y a deux épreuves différentes de ce morceau.

Première épreuve. Plus grande, elle porte 3 pouces de haut, sur 2 pouces 8 lignes de large. Les bords de la planche sont fortement marqués et raboteux.

Seconde épreuve. La planche est rognée à la gauche et au bas, et réduite à la grandeur de l'épreuve décrite ci-dessus. Elle est aussi plus travaillée.

14. Portrait de Rembrandt à bonnet et robe fourrés.

La tête est vue de face et coiffée d'un bonnet fourré. Il porte une robe qui est garnie de fourrure; cette robe ouverte par le haut, laisse apercevoir sa chemise, ainsi qu'un col dans le goût de ceux dont on fait usage aujourd'hui. Il est éclairé par la droite. Le fond en est blanc, à l'exception d'une double taille qui se trouve sur la gauche, à la hauteur de son épaule. On lit au haut du même côté : *Rt.* 1631.

Hauteur : 2 pouces 4 lignes, y compris une petite marge de 2 lignes. Largeur : 2 pouces 1 ligne.

15. Portrait de Rembrandt au manteau avec le collet pendant.

Ce buste est dirigé vers la gauche et éclairé par la droite. La tête est vue de trois quarts. Les cheveux crépus et élevés sur le sommet, tombent presque sur les yeux. Le corps est enveloppé dans un manteau brun, fermé par-devant avec des boutons, au haut duquel est un collet pendant; au-dessous de ce manteau on aperçoit tout le haut de sa chemise. Il n'y a qu'une ombre légère dans le fond, au bas de la gauche. Au haut du même côté est gravé : *Rt.* 1631.

Hauteur : 2 pouces 5 lignes, y compris une marge de 2 lignes. Largeur : 2 pouces.

Ce morceau a été entièrement retouché, tant à la tête qu'à l'habillement. Les cheveux descendent plus bas sur la joue droite, et l'habillement est plus ombré par des tailles formées avec le burin, qui le traversent en entier.

16. Portrait de Rembrandt au bonnet rond et fourré.

Ce buste est dirigé vers la droite, d'où vient le jour. La tête est de face et couverte d'un bonnet de forme ronde. Ses cheveux sont courts et frisés. Il est enveloppé dans un manteau, au haut duquel, vers la gauche, on aperçoit une fourrure. L'autre côté du manteau, au-dessous de la joue, n'est point achevé. On lit au haut de la gauche : *Rt.* 1631.

Hauteur : 2 pouces 3 lignes. Largeur : 2 pouces 1 ligne.

On connaît les bonnes épreuves au fond, qui ne doit pas être tout-à-fait net.

17. Portrait de Rembrandt avec une écharpe autour du cou.

Ce buste vu presque de face est dirigé vers la gauche. Sa

tête est couverte d'une toque, placée sur le côté. Il porte autour du cou une espèce d'écharpe, qui lui pend derrière le dos. Il est couvert d'un vêtement, où l'on voit une petite aiguillette attachée sur son épaule gauche. On lit au bas de la marge vers la gauche : *Rembrandt f.* 1633.

Hauteur : 4 pouces 11 lignes, y compris la marge. Largeur : 3 pouces 10 lignes.

Il y a quatre épreuves différentes de ce morceau.

Première épreuve. Excessivement rare. Elle a 5 lignes de plus sur la hauteur et 6 sur la largeur. Elle est en outre beaucoup moins travaillée dans toutes ses parties , et l'on n'y voit ni nom ni année.

Seconde épreuve. Elle ne diffère de la première qu'en ce qu'elle est réduite à la grandeur de l'épreuve ordinaire. Elle n'est guère plus travaillée que la première. Très-rare.

Troisième épreuve. Plus travaillée que les précédentes , principalement au visage et au bonnet. On voit écrit au bas de la marge le nom de Rembrandt avec l'année.

Quatrième épreuve. Encore plus travaillée que la précédente. Les retouches en sont même un peu dures ; c'est enfin celle qui est décrite comme l'épreuve terminée et ordinaire.

18. Portrait de Rembrandt tenant un sabre.

Il est vu de face, sa tête est couverte d'une espèce de turban. Il tient dans la main droite un sabre dont la lame est flamboyante d'un côté. Sa robe est brodée , enrichie d'hermine par le haut, et d'un cordon garni de diamants. On lit au haut de la gauche : *Rembrandt f.* 1634.

Hauteur : 4 pouces 6 lignes. Largeur : 3 pouces 8 lignes.

Il existe une première épreuve de ce morceau, qui diffère de l'ordinaire, en ce qu'elle est moins travaillée à la partie ombrée du visage, principalement au-dessous de l'œil de ce même côté, ce qui est assez défectueux. Dans l'épreuve ordinaire, Rembrandt a corrigé ce défaut en terminant sa planche. Ce portrait, quoique assez commun, est difficile à rencontrer beau d'épreuve.

19. Rembrandt et sa femme.

Deux portraits dans une même planche, reconnus pour être ceux de Rembrandt et de sa femme. Rembrandt est placé à droite; il est vu de face et à mi-corps; sa tête est couverte d'un chapeau à large bord; son corps est dirigé vers la gauche vis-à-vis une table; son collet est ouvert; il est appuyé sur sa main gauche, dans laquelle il tient un porte-crayon. Son attitude est celle d'un homme qui se dispose à dessiner. Plus loin, vers la gauche, et derrière cette table, on voit sa femme assise, vue aussi de face un peu tournée vers la droite Le fond est clair. On lit au haut de la gauche : *Rembrandt f.*, et au-dessous 1636.

Hauteur : 3 pouces 10 lignes. Largeur : 3 pouces 5 lignes.

On connaîtra les belles épreuves au fond, qui n'est pas net, et à l'ombre de dessous le chapeau du côté droit, qui doit être nourrie; au lieu que dans les épreuves communes, le fond y est net sans aucune teinte ni égratignure, et l'ombre de dessous le chapeau commence à blanchir.

Il y a des épreuves de ce joli morceau, dans lesquelles le portrait de Rembrandt se trouve réuni avec celui de sa mère à la place de celui de sa femme. Il y a là une supercherie de celui qui l'a fait imprimer. On a couvert d'un papier mince l'endroit de la planche, où se trouve le portrait de la femme de Rembrandt, de sorte que sous la presse, cette partie est restée blanche; ensuite en ajustant sur cette même partie la planche où est gravée la tête de la mère de Rembrandt, on a passé une seconde fois cette épreuve sous presse, après avoir couvert d'un autre papier mince la tête de Rembrandt, qui était déja imprimée. Cette opération a été sans doute faite pour tromper les curieux amateurs des différences. Ces sortes d'épreuves sont fort rares.

20. Portrait de Rembrandt au bonnet orné d'une plume.

Ce portrait, gravé d'une pointe fine et spirituelle, est vu de face. Il est coiffé d'une espèce de bonnet de Mézétin avec une plume qui pend sur le côté ; son corps est couvert d'un riche manteau de dessous lequel sort le bras droit, dont une partie de la main est renfermée et placée sur sa poitrine. On lit dans le haut, vers la gauche, en caractères fins : *Rembrandt f.* 1638. Il est difficile de rencontrer ce portrait, beau d'épreuve, où le côté ombré du visage soit bien nourri, ainsi que l'ombre des cheveux de ce même côté, qui se trouvent faibles dans les épreuves communes.

Hauteur : 5 pouces. Largeur : 3 pouces 10 lignes.

21. Rembrandt appuyé.

Ce portrait est le plus beau de ceux qui composent cette classe. Il est à mi-corps, vu de trois quarts ; ses cheveux sont un peu longs et crépus ; il a la tête couverte de la toque ordinaire, et le corps vêtu d'un riche manteau. Il est dirigé vers la gauche, et appuyé sur une bande de pierre. Sa main gauche est en dehors et gantée ; la droite est placée sur son estomac. On lit au haut de la gauche : *Rembrandt f.* 1639.

Hauteur : 7 pouces 8 lignes. Largeur : 6 pouces 1 ligne.

Il y a deux épreuves différentes de ce morceau.

Première épreuve. Où le cordon qui borde la partie inférieure de la toque, se trouve plus court sur la droite ; elle est aussi plus vive que l'épreuve ordinaire. En outre, l'on y découvre quelques parties non ébarbées, principalement la main placée sur la poitrine. Assez rare.

Seconde épreuve. Le cordon prolongé d'environ deux lignes

sur la droite, puisqu'il dépasse le bonnet ; elle est naturelle-
ment moins estimée que la première.

22. Rembrandt dessinant.

Ce portrait est d'un travail fin, serré et délicat, ayant
beaucoup de rapport avec la manière savante dont est traitée
la pièce de Cent florins, ce qui m'a toujours induit à croire
que ce portrait avait été gravé dans le même temps. Le claire-
obscur y est entendu admirablement, et c'est un des plus
estimés de cette classe. Rembrandt est vu de face et à mi-
corps ; sa tête est couverte d'un chapeau rond à petit bord ;
il est vêtu d'un habit presque semblable à ceux que portaient
les Jésuites. On le voit vis-à-vis d'une table qui est sur le devant, il tient de la main droite un crayon avec lequel il dessine sur un papier placé sur un livre qui lui sert d'appui ;
son bras gauche est appuyé sur la même table. A la gauche est
une croisée ouverte, au travers de laquelle on aperçoit dans
le lointain un paysage. On lit sur une banderole attachée au
haut de la croisée : *Rembrandt f.* 1648.

Hauteur : 5 pouces 11 lignes. Largeur : 4 pouces 9 lignes.

J'ai compté jusqu'à neuf épreuves différentes de ce portrait.
Savoir : six avant le paysage, et trois avec.

Première épreuve. Tout-à-fait légère dans toutes ses parties, n'étant ombrée que de simples tailles, elle ne produit
encore aucun effet. Je n'ai vu cette épreuve, qui est peut-être
unique, que dans l'œuvre de Rembrandt qui appartenait à
J. Barnard Esq., vendu à Londres en 1798, sous la direction
de T. Philippe.

Seconde épreuve. Quoiqu'elle soit plus travaillée, elle ne peut
être regardée que comme une ébauche très-imparfaite. Le
visage est d'une seule teinte et faible ; la manchette de la main
gauche ainsi que les deux mains sont tout-à-fait blanches ;
le dedans de la croisée est clair, et l'on n'y voit point de ban-

derole dans le haut. Les ombres en général sont pochées de noir et tranchent trop avec les demi-teintes ; ce qui se voit souvent dans les épreuves d'essai, que Rembrandt tirait en laissant sur le cuivre toutes les barbes de ses retouches à la pointe sèche, afin d'en obtenir des effets piquants et singuliers, qui effectivement lui sont particuliers.

Troisième épreuve. Elle est également avant la banderolle et le nom. Les traits du visage sont mieux formés et plus ombrés ; le dedans de la croisée un peu plus ombré dans le haut ; les ombres des autres parties y sont encore trop tranchantes, et les deux mains ainsi que la manchette tout-à-fait blanches. Très-rare.

Quatrième épreuve. Le dedans de la croisée est légèrement ombré ; l'on y voit la banderole avec le nom et l'année ; la manchette de la main gauche et les deux mains sont encore tout-à-fait blanches. Cette épreuve à-peu-près terminée est veloutée, quoique très-vigoureuse de ton , et produit un effet admirable de clair-obscur. Elle se trouve avec beaucoup de difficulté, ainsi que les précédentes.

Cinquième épreuve , ne diffère guère de la précédente, qu'en ce que la main gauche est ombrée ; la manchette de cette même main ainsi que la main droite s'y trouvent encore tout-à-fait blanches. Cette épreuve est également très-estimée et fort rare.

Sixième épreuve. Le dedans de la croisée plus ombré dans le haut. La manchette de la main gauche est claire, et les deux mains y sont ombrées de tailles simples et légères. Le nom et l'année s'y voient très-distinctement ; elle n'est jamais aussi vigoureuse et aussi veloutée que les autres.

Septième épreuve. Où l'on voit le paysage au travers de la croisée. Elle est généralement plus travaillée, principalement au livre qui lui sert d'appui, à la croisée, et au tapis qui couvre la table. Cette épreuve est aussi très-veloutée dans son effet, quand on la trouve de belle conservation , ce qui n'est pas facile.

Huitième épreuve. Elle a beaucoup perdu du velouté que l'on admire dans les précédentes, et l'on y remarque quelques retouches à l'habit, principalement sur le côté droit du portrait , depuis le haut de l'épaule jusqu'en bas. Le nom et l'année ne se trouvent pas aussi bien marqués que dans les épreuves précédentes.

Neuvième épreuve. Entièrement retouchée , mais d'une manière désagréable. Les ombres n'ont plus le velouté des épreuves précédentes ; elles sont crues et confondues avec les demi-teintes , ce que l'on aperçoit principalement au chapeau , qui est partout d'une couleur presque égale , au lieu que dans les épreuves précédentes il est beaucoup plus clair que son bord. Tout le visage est d'un ton égal ; à peine y voit-on sur le bout du nez le petit coup de lumière, qui dans les autres épreuves est très-distinct sur toute sa longueur. Le pli du drap dont la table est couverte n'est plus visible ; et l'ombre mince qui traverse le dos du livre, comme si c'était deux volumes couchés l'un sur l'autre, est entièrement effacée, de sorte que l'on ne voit qu'un seul gros volume. Le caractère de la tête n'y est plus le même ; la banderole y est tellement couverte de travaux, que le nom de Rembrandt n'est presque plus visible.

23. Portrait de Rembrandt, en ovale.

Il a la tête nue et garnie de cheveux longs et crépus, sur le devant desquels il porte une petite plume attachée à un simple ruban qui tourne autour. Il est vu de trois quarts. Son corps est dirigé vers la droite, d'où vient le jour. Il est couvert d'un habit à la persienne, et porte un hausse-col et un mouchoir rayé au-dessus. Son manteau est attaché par devant avec une agrafe. On lit sur la droite de l'estampe : *Rembrandt f.* 1634. Le fond est légèrement ombré dans la partie haute du tour de l'ovale, et un peu plus au-dessus de l'épaule, à la gauche.

Hauteur: 4 pouces 10 lignes. Largeur: 4 pouces.

On distingue trois épreuves différentes de ce portrait.

Première épreuve. Au lieu d'être en buste comme dans les deux autres, on le voit dans celle-ci jusqu'aux genoux; de plus, il tient de la main gauche un sabre nu qui pend jusqu'au bas de la planche. La planche, qui est carrée, porte 7 pouces 5 lignes de haut, sur 6 pouces 1 ligne de large. Cette épreuve est si rare, que je n'en connais que quatre : une à la bibliothèque royale d'Amsterdam, la seconde en Angleterre, la troisième à la bibliothèque du roi à Paris, et la quatrième dans l'œuvre de Rembrandt dont M. Denon est possesseur. La tête et le haut du corps y sont d'un travail plus léger, et moins poussés à l'effet, que dans les deux autres épreuves.

Seconde épreuve. La planche est coupée dans une forme ovale, avec quatre oreilles aux quatre extrémités de l'ovale. La tête et le buste beaucoup plus travaillés. Fort rare.

Troisième épreuve. Les oreilles y sont supprimées, et la planche est d'une forme parfaitement ovale.

24. Portrait de Rembrandt au bonnet fourré et habit blanc.

Dans ce buste, Rembrandt est vu presque de face, ayant le corps dirigé vers la droite, et éclairé par la gauche. Il porte un bonnet fourré qui lui tombe jusque sur les sourcils. Le bas de l'oreille droite est découvert, et les cheveux qui sont frisés, lui pendent sur l'épaule droite. Son habit ouvert par-devant, est bordé de fourrure. Le fond est clair, à l'exception d'une ombre légère dans le coin à gauche, depuis le bas de la planche jusqu'à la hauteur de l'épaule. Dans le haut du même côté on lit : *Rt.* 1630.

Hauteur : 2 pouces 3 lignes. Largeur : 1 pouce 11 lignes.

25. Portrait de Rembrandt aux cheveux crépus.

Ce buste est dirigé vers la droite. Le côté gauche du visage est fortement ombré, et les cheveux qui sont crépus, lui tombent sur l'épaule gauche. Son habit un peu ouvert par le haut est bordé d'une large fourrure. Le fond est blanc, à l'exception de quelques tailles, que l'on voit au bas de la droite. Ce morceau est très-rare.

Hauteur : 1 pouce 10 lignes. Largeur : 1 pouce 4 lignes.

Il y a deux épreuves différentes de ce morceau.

Première épreuve. La planche est plus grande ; elle porte 2 pouces 2 lignes de haut, sur 2 pouces 1 ligne de large. On lit, dans le haut de la gauche, *Rt.* 1631.

Seconde épreuve. La planche réduite, et le nom de *Rt.* ni l'année ne s'y voient point.

26. Portrait de Rembrandt aux cheveux courts et frisés.

Buste très-ressemblant à Rembrandt, vu presque de face, le corps tourné vers la droite, d'où vient le jour. Ses cheveux sont courts et frisés ; sa tête est couverte d'une toque, qui penche sur l'oreille droite ; sa bouche est fort pincée. Il porte un manteau, sous lequel paraît un pourpoint un peu ouvert par le haut, et attaché avec un petit ruban. Le fond est clair, à l'exception de la gauche, où paraît l'ombre de la figure. Il y a au bas une assez grande marge.

Hauteur : 3 pouces 6 lignes, la marge comprise. Largeur : 2 pouces, 3 lignes.

Il y a deux épreuves différentes de ce portrait.

Première épreuve. Qui a passé jusqu'à présent pour être avant le nom. Mais en copiant ce portrait avec soin, j'y ai découvert le nom de Rembrandt écrit en toutes lettres, faiblement marqué : lequel nom a disparu après en avoir tiré un certain nombre d'épreuves.

Seconde épreuve. Où l'on voit écrit vers le haut de la gauche : *Rembrandt ;* mais il n'est pas de la main de Rembrandt.

27. Portrait de Rembrandt aux cheveux crépus et au toupillon élevé.

Ce portrait a beaucoup de ressemblance au n° 1. La tête y est vue de face et éclairée par la gauche. Le corps est tourné vers la droite. Les cheveux, dont un toupillon s'élève au-dessus de l'œil gauche, sont fort crépus; tout le front est couvert d'une ombre qui passe sur les yeux, et les rend presque indistincts. On voit au haut de son habit un collet blanc. A la gauche du fond, une ombre très-légère s'étend de haut en bas ; mais à droite elle ne monte que jusqu'à la hauteur de l'épaule. Il y a au bas de cette planche une marge d'environ 7 lignes.

Hauteur : 3 pouces 4 lignes, la marge comprise. Largeur : 2 pouces 8 lignes.

28. Portrait de Rembrandt avec trois crocs.

Ce buste a été placé par Gersaint parmi les portraits d'hommes de fantaisie sous le n° 297 de son catalogue. Bartsch a commis la même erreur ; voyez le n° 319 de son catalogue. Je le comprendrai néanmoins dans les portraits de Rembrandt, avec d'autant plus de raison que je n'en connais point qui lui ressemblent plus que celui-ci. Il est vu de trois quarts, et dirigé vers la droite d'où vient le jour. Il a le visage rond, et garni d'une petite barbe courte de chaque côté au-dessous du nez, et d'une au-dessous du milieu de la lèvre inférieure. Ses cheveux sont courts et frisés, et sa tête est couverte du bonnet ordinaire. Il est enveloppé dans une robe bordée de fourrure, et son cou est nu. Le fond est tout-à-fait clair. Il est gravé d'un très-bon goût, et n'est pas commun.

Hauteur : 1 pouce 10 lignes. Largeur : 1 pouce 6 lignes.

Il y a quatre épreuves différentes de ce morceau.

Première épreuve. Extrêmement rare. Elle a 4 lignes de plus sur la hauteur. Le manteau sur l'épaule droite est blanc, et la fourrure moins travaillée, ainsi que la tête et le bonnet.

Seconde épreuve. La planche diminuée et un peu plus travaillée.

Troisième épreuve. La partie de la robe qui est vers le coin de la gauche, et le bonnet, sont encore plus travaillés. La petite ombre dans le fond, à la hauteur de l'épaule droite, est supprimée.

Quatrième épreuve. Les cheveux retouchés, et le contour inférieur du bonnet d'un autre caractère.

29. Portrait de Rembrandt vu de face et riant.

Ce petit buste fort ressemblant à Rembrandt dans sa jeunesse est gravé d'un très-bon goût. La tête est vue de face et couverte d'un bonnet, le visage rond, les cheveux sont courts et crépus, et le nez gros. La bouche est ouverte de façon qu'elle laisse voir les dents supérieures. Le corps est dirigé vers la droite, d'où vient le jour, et couvert d'un manteau, qui est fermé par-devant avec quatre boutons, et au haut duquel on aperçoit un bout de collet pendant. On ne voit dans le fond qu'une ombre légère au-dessus du dos. Au haut de la planche à gauche se voit gravé légèrement : *Rt.* 1630. Ce morceau n'est pas commun.

Hauteur : 1 pouce 10 lignes. Largeur : 1 pouce 7 lignes.

On distingue deux épreuves différentes de ce portrait.

Première épreuve. D'un travail fin, léger, et en même

temps coloré. Elle est beaucoup moins travaillée que les é-
preuves ordinaires.

Seconde épreuve. Entièrement retouchée, principalement
au manteau qui est beaucoup plus foncé, et le sourcil de l'œil
gauche a été continué jusqu'à celui de l'œil droit.

30. Portrait de Rembrandt en buste.

Ce portrait de jeune homme, que l'on prétend être celui
du fils de Rembrandt, nommé Titus, est à mon avis celui de
Rembrandt dans sa jeunesse, à qui il ressemble beaucoup.
Quoi qu'il en soit, je l'ai inséré dans cette classe, qui lui con-
vient mieux que toute autre. Il est gravé à grosses tailles et
avec fermeté. Il est représenté avec les cheveux, en partie hérissés et en partie frisés, qui tombent sur l'épaule gauche.
Le corps qui est un peu tourné vers la droite, d'où vient
le jour, est vêtu d'un habit avec collet. Le fond est tout-à-fait
blanc, à l'exception de quelques grosses tailles à la gauche,
vers la tête. On lit au haut dans le coin à gauche, en lettres
retournées : *Rt.* 1639. A l'inspection de cette pièce, j'ai cru
découvrir qu'elle avait été gravée avec deux pointes réunies.

Hauteur : 6 pouces 5 lignes. Largeur : 5 pouces 9 lignes.

31. Portrait de Rembrandt de forme octogone et aux cheveux crépus.

Une tête bien dessinée, vue de face et fort ressemblante à
Rembrandt étant encore jeune, laquelle est rangée dans les
autres catalogues parmi les têtes de fantaisie. Elle porte un
bonnet de fourrure, et a les cheveux crépus. Ce morceau se
fait reconnaître facilement par sa forme octogone. On lit,
quoique avec peine, dans le fond de la gauche, qui est tout-
à-fait clair : *Rt.*

Hauteur : 1 pouce 6 lignes. Largeur : 1 pouce 4 lignes.

32. Portrait de Rembrandt sur une planche haute et étroite.

Ce buste parfaitement ressemblant à Rembrandt, à peu près dans ses derniers temps, est gravé très-légèrement et presque pas ombré. Il est vu de face, ayant la tête couverte d'un bonnet. Il a le visage plein, et quelques poils de barbe dessous et de chaque côté du nez. Il paraît être dans l'attitude d'un homme qui dessine. Morceau extrêmement rare.

Cette estampe faisait partie de l'œuvre qui appartenait à J. Barnard, de Londres, dont j'ai déjà parlé. Elle était imprimée sur papier de soie du Japon. Les dimensions que Gersaint en donne au n° 11 de son catalogue se rapportant à l'idée que j'en ai conservée, je crois que celle de l'œuvre de J. Barnard est pareille à celle qui est décrite par Gersaint.

Hauteur : 4 pouces 6 lignes. Largeur : 2 pouces 6 lignes.

33. Tête de Rembrandt aux yeux hagards, coiffée d'un bonnet coupé par le haut.

Une tête d'homme fort ressemblante à Rembrandt, gravée d'une pointe fine et brillante, vue presque de face, et couverte du bonnet ordinaire, dont le haut est coupé par le bord de la planche. Elle est un peu tournée et élevée vers la droite, et éclairée par la gauche. Les cheveux sont courts et frisés, les yeux hagards, fort ouverts et presque ronds. Un toupet de barbe est au-dessous et de chaque côté du nez. Le haut du corps n'est indiqué que par un simple trait. Le fond est blanc, à l'exception d'une ombre très-légère, qui se trouve au bas de la gauche. On voit gravé au milieu du bas, à la hauteur de sa poitrine : *Rt.* 1630 ; mais ces chiffres sont fort mal exprimés. Cette tête très-finie ne se trouve pas communément belle d'épreuve.

Hauteur : 1 pouce 10 lignes. Largeur : 1 pouce 7 lignes.

DEUXIÈME CLASSE.

SUJETS DE L'ANCIEN TESTAMENT.

34. Adam et Ève.

Adam et Ève nus, dans le paradis terrestre. Ève est debout au milieu de l'estampe; elle tient le fruit défendu, et tâche de persuader à son mari d'en manger. Adam qui est à côté sur la gauche, paraît encore résister à sa femme et lui faire des remontrances sur l'iniquité de l'action qu'elle veut lui faire commettre. A la droite est l'arbre, sur lequel est monté le démon en forme de serpent volant, tenant dans sa gueule un autre fruit. Dans le fond du paysage se voit un éléphant. Au milieu du bas, dans une petite marge, est écrit : *Rembrandt f.* 1638. Il est difficile de trouver cette estampe belle d'épreuve.

Comme Rembrandt n'était point habile à dessiner le nu, ce morceau est assez incorrect, et les têtes sont tout-à-fait désagréables; cependant il y règne ce bel effet, que l'on admire dans les ouvrages de ce grand maître.

Hauteur : 6 pouces 2 lignes. Largeur : 5 pouces 4 lignes.

Il y a deux épreuves différentes de ce morceau.

Première épreuve. Avec un reflet de lumière au haut du dedans de la cuisse droite d'Ève.

Seconde épreuve. Le reflet éteint.

35. Abraham qui reçoit les trois anges.

On voit dans le haut de la gauche, au travers d'une porte à moitié ouverte, Sara qui, écoutant ce que disent les anges, semble rire de ce qu'ils annoncent à Abraham de la part de Dieu. Abraham est à table entre les anges, dont un est assis sur la table même, tout à la gauche de l'estampe. Le patriarche tient à la main une coupe ; vis-à-vis de lui, c'est-à-dire à la droite, est un vieillard, qui tient un pot de la main gauche. Un garçon vu par le dos et appuyé contre un petit mur, à côté de la porte de la maison, tire avec un arc dans le bois, que l'on voit dans le fond à droite. On aperçoit le nom de Rembrandt faiblement gravé au bas de la gauche, avec l'année 1656. Ce morceau, quoique des derniers temps de Rembrandt, est encore assez estimé, lorsqu'il s'y trouve de la manière noire ; car quand l'épreuve est sans barbes, les travaux sont durs, secs et désagréables, et n'a par conséquent qu'une très-petite valeur.

Hauteur : 6 pouces. Largeur : 4 pouces 10 lignes.

36. Le sacrifice d'Abraham.

Ce patriarche est placé au milieu et dirigé un peu vers la gauche. Il tient le couteau de sacrifice de la main gauche, et de l'autre il cache les yeux de son fils Isaac, qui est à genoux devant lui et dirigé vers la droite. L'ange vient parderrière et saisit les deux bras du père. Dans le bas est un plat destiné à recevoir le sang de la victime. Au bas de la droite est gravé : *Rembrandt f.* 1655.

Ce morceau qui peut servir de pendant au précédent doit être également tiré de la planche non ébarbée, étant gravé de la même manière ; il lui est cependant supérieur et plus estimé.

Hauteur : 5 pouces 10 lignes. Largeur : 4 pouces 11 lignes.

37. Agar renvoyée par Abraham.

On voit Abraham en face au milieu de la planche, le pied
droit sur la première marche de la porte de la maison, prêt
à y monter. Ismaël est à côté de lui sur la droite, et n'est vu
que par-derrière. Plus loin du même côté, on aperçoit Agar,
tournée vers la droite, qui s'en va pleurant et qui essuie ses
yeux. A gauche, on voit à la fenêtre Sara satisfaite de ce dé-
part, et son fils Isaac est sur la porte, d'où sort un chien.
On lit tout au haut de la droite : *Rembrandt*, et au-dessous :
f. 1637. Ce morceau est gravé avec beaucoup d'esprit, et
d'une pointe fort délicate. Les belles épreuves en sont fort
rares. On les connaît aux bords de la planche, qui s'y trouvent un peu raboteux.

Hauteur : 4 pouces 8 lignes. Largeur : 3 pouces 7 lignes.

38. Abraham caressant Isaac.

Le patriarche est représenté assis et dirigé un peu vers
la droite. Sa tête qui est vue de face, est d'un beau caractère, et gravée avec beaucoup de finesse. Il a entre ses jambes
son fils Isaac qui rit, et qui tient une pomme de la main
gauche, tandis que son père le caresse de la droite. Ce morceau est gravé avec goût, d'une pointe fine et légère. On lit à
la gauche du bas : *Rembrandt f*. Rare beau d'épreuve.

Hauteur : 4 pouces 4 lignes. Largeur : 3 pouces 4 lignes.

39. Abraham avec son fils Isaac.

Rembrandt a choisi dans ce sujet le moment qu'Isaac demande à son père où est la victime qu'il doit immoler. Abraham lui explique les ordres qu'il a reçus de Dieu. Il a sa
main gauche élevée et la droite sur sa poitrine. Isaac est
debout devant lui et l'écoute; il tient des deux mains un
fagot, qu'il a posé à terre par un des bouts. On voit sur la
gauche un chaudron, dans lequel il y a du feu, qui répand

de la fumée. Ce morceau est un peu cintré par le haut. On lit au bas de la gauche : *Rembrandt*, et au-dessous : 1645. Les premières épreuves ont été tirées avant que les travaux à la pointe sèche aient été entièrement ébarbés, et le fond de la planche nettoyé. Assez rare.

Hauteur : 5 pouces 11 lignes. Largeur : 4 pouces 10 lignes.

40. Quatre sujets pour un livre espagnol.

Ces quatre morceaux ont été gravés sur une même planche, qui porte 10 pouces 5 lignes de haut, sur 5 pouces 9 lignes de large ; mais les épreuves ayant la plupart été coupées en quatre morceaux, on a jugé convenable de décrire aussi séparément chacun des quatre sujets, avec d'autant plus de raison que la planche même a été coupée et divisée après en quatre pièces. Il est fort difficile de rencontrer des épreuves entières de la grande planche, dans lesquelles il se trouve beaucoup de manière noire.

Le premier de ces sujets est l'échelle de Jacob. On voit au haut de l'estampe, dans une espèce de gloire, quatre anges, qui montent et descendent l'échelle. Jacob paraît à travers les bâtons de l'échelle, couché sur le dos, et ayant la tête appuyée sur son bras gauche. On lit à la gauche du bas, hors du bord qui renferme le sujet : *Rembrandt f.* 1655.

Hauteur : 3 pouces 11 lignes. Largeur : 2 pouces 7 lignes.

Première épreuve, où il y a tant de manière noire, que l'on n'y distingue ni l'échelle, ni la figure de Jacob. Cette épreuve est, pour mieux dire, un coupon de la planche entière. L'épreuve postérieure provenant de la planche coupée est moins chargée de noir, et l'on y distingue l'échelle et Jacob.

Le second sujet est le combat de David contre Goliath. David est placé à droite, et Goliath à gauche. Celui-ci porte une cuirasse et un casque, et tient un bouclier de la main droite. On lit à la gauche du bas, en dehors du sujet : *Rembrandt f.* 1655. Il y a également des coupons de la planche entière, dans lesquels se trouve beaucoup de manière noire, et que l'on appelle premières épreuves. Les secondes épreuves tirées de la planche coupée sont plus travaillées au visage et au bonnet de David. Les autres parties du sujet ont beaucoup moins de manière noire.

Hauteur : 3 pouces 11 lignes. Largeur : 2 pouces 9 lignes.

Le troisième sujet représente la statue, dont il est parlé dans le songe de Nabuchodonosor. On lit à la gauche du bas, en dehors du sujet : *Rembrandt f.* 1655.

Hauteur : 3 pouces 8 lignes. Largeur : 2 pouces 7 lignes.

Il y a trois épreuves différentes de ce morceau.

Première épreuve. Coupon de l'épreuve entière. Le tronc de la statue paraît en l'air et détaché de dessus ses jambes, qui tombent par terre vers le côté gauche. Il se trouve, dans le bas du côté droit, différents rayons ou traits disposés en angles.

Seconde épreuve. Elle est aussi un coupon d'une épreuve entière. Les jambes tiennent au tronc de la figure, et ne sont séparées que dans la partie du col du pied. On voit vers le bas de la droite la moitié d'un grand globe terrestre, et la pierre qui se détacha de la montagne, et frappant la statue dans ses pieds de fer et d'argile, les mit en pièces. Il y a de plus, au-dessus de la tête de la statue, deux cintres pour marquer une niche ; le piédestal est plus bas et d'une forme différente.

Troisième épreuve. Tirée de la planche coupée. Elle ne diffère de la précédente qu'en ce qu'il y a plusieurs noms de différents peuples, gravés sur la figure, savoir : sur le bandeau du front, *Babel;* sur le haut du bras droit, *Persi;* sur le haut du gauche, *Medi;* sur le nombril, *Græci;* le long de la jambe droite, *Romani;* et enfin le long de la gauche, *Mahometani.*

Le quatrième sujet représente la vision d'Ézéchiel. Il y a

sur le haut une ·gloire, au milieu de laquelle on voit Dieu
entouré d'anges qui l'adorent; et au bas sont les quatre animaux dont a parlé le Prophète. On lit à la gauche du bas :
Rembrandt f. 1655.

Hauteur : 3 pouces 9 lignes. Largeur : 2 pouces 10 lignes.

Il y a deux épreuves différentes de ce morceau.

Première épreuve. Coupon d'une épreuve entière de la
grande planche. Ces épreuves sont beaucoup chargées de manière noire, de sorte que l'on distingue à peine les quatre
animaux.

Seconde épreuve. Tirée de la planche coupée. Elle n'est
plus autant chargée de manière noire.

Il reste encore à observer qu'il y a deux épreuves différentes
de la planche entière qui contient les quatre sujets réunis.

La première se distingue par le sujet, qui représente la
statue de Nabuchodonosor. Cette statue y est dans l'état que
l'on a détaillé ci-dessus dans la description de la première
épreuve de ce sujet.

La seconde épreuve de la planche entière fait voir la statue
de Nabuchodonosor, avec le changement dont on a fait mention dans la description de la seconde épreuve de ce sujet.

Ces deux sortes d'épreuves sont d'une rareté extrême.
Il est probable que Rembrandt n'en a tiré qu'un très-petit
nombre, pour ne pas user sa planche, qui était destinée à
être coupée et à fournir le nombre d'épreuves suffisant pour
l'édition du livre de Manassé Ben-Israël. Encore la plupart de
ces épreuves ont-elles été coupées en quatre morceaux.

41. Joseph racontant ses songes à sa famille.

Morceau légèrement gravé et très-fini. Son sujet est Joseph
qui raconte ses songes à ses frères en présence de son père
et de sa mère. Le père est assis dans un fauteuil, qui est
placé à gauche; il a la main droite appuyée sur un de ses

genoux , et la gauche sur un des bras du fauteuil. Il paraît extrêmement attentif au récit de Joseph, qui occupe le milieu du sujet. Dans le fond de la gauche, il y a un lit dont les rideaux sont ouverts, et dans lequel une personne paraît être couchée. Au bas de la droite est la mère de Joseph assise et tenant un livre ouvert; on ne la voit que par-derrière. Dans le fond paraissent les frères de Joseph dont un qui est coiffé d'un turban, tient une houlette. Le nom de Rembrandt est gravé sur une chaufferette placée au-dessous du fauteuil de Jacob, on y déchiffre avec peine : *Rembrandt f.* 1638.

Hauteur : 4 pouces 1 ligne. Largeur : 3 pouces 1 ligne.

Il y a deux épreuves différentes de ce morceau.

Première épreuve. Le frère de Joseph qui est debout derrière lui et qui est coiffé d'un turban, a le visage clair ainsi que le turban ; le rideau du lit vers la droite y est également clair ; le battant de la porte et la partie inférieure de l'habillement de Jacob sont moins travaillés.

Seconde épreuve. Le visage et le turban du frère de Joseph y sont ombrés, ainsi que le rideau du lit vers la droite; le battant de la porte et la partie inférieure de l'habillement de Jacob sont aussi plus travaillés. Elle n'est pas aussi rare que la première.

42. Jacob pleurant la mort de son fils Joseph.

On voit, à la gauche de cette estampe, Rebecca, les mains jointes sur le pas de la porte qui est ouverte. Jacob, assis auprès sur une espèce de canapé, se lamente, les mains élevées au ciel, en voyant la robe ensanglantée de Joseph, que ses deux frères Siméon et Lévi lui rapportent, en lui annonçant sa mort. Un des deux montre de la main gauche le lieu où ils disent qu'il a péri. Au milieu du bas de la planche, un peu vers la droite, est gravé : *Rembrandt, van Ryn fc.* Ce morceau, quoique petit, est très-estimé.

Hauteur: 4 pouces. Largeur: 2 pouces 11 lignes.

Il y a une copie assez trompeuse de cette estampe. On la distingue par deux clous, que l'on aperçoit dans l'original au bout de la latte attachée en largeur sur la porte, et qu'on ne voit point dans la copie : Celle-ci porte 3 pouces 11 lignes de haut, sur 3 pouces de large. Outre cela, les têtes n'y sont pas aussi expressives.

43 Joseph et la femme de Putiphar.

Joseph fuyant la femme de Putiphar. Celle-ci est découverte et couchée lascivement sur un lit placé à la droite de l'estampe. Elle retient Joseph, qui dirige ses pas vers la gauche. Ce sujet est traité avec beaucoup d'expression et très-bien gravé. On lit à la gauche du bas de la planche : *Rembrandt f.* 1634.

Largeur : 4 pouces 3 lignes. Hauteur : 3 pouces 5 lignes.

44. Le triomphe de Mardochée.

Mardochée conduit en triomphe par Aman, au milieu du peuple. Il est représenté à cheval, revêtu d'habits royaux, et un sceptre à la main. Il dirige sa marche vers la gauche. Au-devant se voit Aman qui étend les bras et semble dire : C'est ainsi que sera honoré celui qu'il plaira au roi d'honorer. Le peuple est autour, en différentes attitudes de respect et d'admiration; à la droite, on aperçoit le roi Assuérus et la reine Esther, sur une espèce de balcon, d'où ils regardent ce spectacle. Ce morceau très-fini, est gravé avec goût et légèreté. Il se trouve aisément; mais les épreuves tirées de la planche non ébarbée, et qui ont beaucoup de manière noire, sont assez rares.

Largeur: 8 pouces. Hauteur: 6 pouces 6 lignes.

45. David priant Dieu.

Ce sujet, gravé d'une manière crue, représente un homme

en chemise prêt à se coucher, couvert d'un bonnet de nuit, priant à genoux, les coudes appuyés sur son lit, les mains jointes et élevées. Il est dirigé vers la gauche. Une harpe qui est posée en largeur sur le devant, fait connaître que Rembrandt à voulu désigner David en prière. On lit, quoique avec peine, dans les hachures du bas, un peu vers la gauche : *Rembrandt f.* 1652. Ce morceau qui est un des plus faibles de l'œuvre, se trouve très-facilement.

Hauteur : 5 pouces 2 lignes. Largeur : 3 pouces 6 lignes.

46. Tobie le père, aveugle.

Ce morceau, gravé dans le même goût que le précédent, est connu sous le nom de Tobie. On y voit un vieillard aveugle, qui marche avec un bâton vers la gauche, et qui cherche la porte pour sortir. A ses pieds est un petit chien qui semble vouloir l'arrêter. Dans le fond, sur la droite, est une cheminée dans laquelle il y a du feu, et au-devant un fauteuil et un rouet renversés. On lit au milieu du bas, dans la gravure : *Rembrandt f.* 1651. Les anciennes épreuves se distinguent par quelques barbes dans plusieurs endroits et la saleté du fond.

Hauteur : 6 pouces. Largeur : 4 pouces 6 lignes.

47. L'ange qui disparaît devant la famille de Tobie.

Ce sujet représente l'ange Raphaël qui disparaît aux yeux de Tobie et de sa famille, après leur avoir déclaré qui il était, lorsqu'ils lui offrirent la moitié de leurs biens pour reconnaissance de tous les services qu'il avait rendus au jeune Tobie, ainsi que de ce qu'il avait fait recouvrer la vue à son père. Rembrandt a saisi le moment où l'ange, dont on ne voit plus que la moitié du corps par le bas, s'élève dans le ciel, qui est marqué au haut de la partie droite par des rayons lumineux. Au bas du même côté sont encore les bagages qui avaient servi pour le voyage au pays des Mèdes, que Tobie venait de faire avec l'ange; on y voit aussi l'âne qui les portait; au milieu, vers la gauche, est le jeune Tobie prosterné, ayant à côté de lui le petit chien, par lequel il est toujours désigné. Derrière lui est sa femme aussi à genoux, et sa mère debout; et sur le devant de la gauche, son père est à genoux les mains jointes. Dans le fond, du même côté, paraît une servante qui regarde au travers d'une fenêtre, et une autre est sur la porte; ils ont tous les yeux dirigés vers l'ange qui monte au ciel. Ce morceau est gravé assez légèrement, et produit un bel effet dans les épreuves tirées de la planche non ébarbée. Au bas, un peu vers la gauche, on lit: *Rembrandt f.* 1641.

Largeur : 5 pouces 8 lignes. Hauteur : 3 pouces 10 lignes.

TROISIÈME CLASSE.

SUJETS DU NOUVEAU TESTAMENT

------

48. L'Annonciation aux bergers.

CE morceau représente une nuit dans une campagne. Au haut de la gauche paraît une gloire lumineuse, où l'on voit un grand nombre de petits anges, et un peu plus bas, sur un nuage, un autre ange plus grand, debout, qui, la main gauche élevée vers le ciel, annonce aux bergers la naissance de Jésus-Christ. Les bergers se trouvent surpris et effrayés du coup de lumière, qui part de cette gloire, et leurs troupeaux marquent en fuyant la terreur que cette lumière leur inspire. Il n'y a que le bas de la partie droite qui participe de la lumière que répand cette gloire; tout le reste du sujet est sombre. L'effet de cette estampe est admirable, et les belles épreuves en sont très-rares. Au bas de la planche à droite on lit : *Rembrandt f.* 1634.

Hauteur : 9 pouces 8 lignes. Largeur : 8 pouces 1 ligne.

Il y a trois épreuves différentes de ce morceau.

Première épreuve. Elle est si rare que je ne l'ai rencontrée que dans l'œuvre de Rembrandt qui appartenait à J. Barnard, et dans celui du révérend ministre Cratchroad, lesquels se trouvent présentement au musée de Londres. Il n'y a que le paysage qui soit à-peu-près terminé. Les figures, ainsi que les animaux, n'y sont indiquées qu'au simple trait.

Seconde épreuve. La planche terminée, à l'exception du tronc d'arbre qui est dans le milieu, dont le haut se trouve blanc. Extrèmement rare.

Troisième épreuve. Le haut du tronc d'arbre éteint par des contre-tailles, le berger qui est debout, ainsi que les deux vaches qui s'enfuient vers la droite, sont également couverts de hachures légères, au lieu que ces figures sont claires dans la seconde épreuve.

49. La Nativité.

La Vierge, qui tient sur ses genoux l'enfant Jésus, forme le milieu du sujet. On voit les bergers à la gauche, et sur la droite un bœuf et un âne dans une étable. Plus en avant de ce même côté, saint Joseph est assis sur une civière renversée. Au bas est gravé, un peu vers la gauche, en petits caractères : *Rembrandt f.*

Largeur : 3 pouces 11 lignes. Hauteur : 4 pouces 9 lignes.

50. L'adoration des bergers.

Morceau gravé dans une manière très-rembrunie. On y voit dans le milieu un vieillard debout, tenant une lanterne, qui éclaire tout le sujet. Saint Joseph qui lit dans un livre, la Vierge et l'enfant Jésus sont groupés vers le bas de la partie droite.

Largeur : 7 pouces 3 lignes. Hauteur : 5 pouces 6 lignes.

Il y a trois épreuves différentes de ce morceau.

Première épreuve. Toutes les figures sont dans l'ombre et s'aperçoivent à peine. On ne distingue que l'homme qui porte la lanterne. Très-rare.

Seconde épreuve. On découvre au-dessus de la tête de saint Joseph une étable formée par des planches placées en largeur et attachées à des bâtons, dont les extrémités saillent au-dessus des planches. Le contour du visage de saint Joseph est moins distinct, et son bonnet un peu moins haut. Au reste, la planche est plus éclairée, et les figures se distinguent mieux

Troisième épreuve. Retouchée principalement dans le bas ; et l'homme qui tient la lanterne, a le visage et le bonnet mieux formés.

51. La Circoncision.

Dans ce morceau la Vierge est assise sur la gauche, un peu vers le milieu, et est en prière. Saint Joseph est à côté d'elle ; il tient sur ses genoux l'enfant Jésus, pendant qu'on le circoncit. Il y a plusieurs spectateurs, qui sont très-attentifs à la cérémonie. Les rayons qui tombent du haut d'une gloire, éclairent les trois quarts de ce sujet, et le reste de la droite est ombré. On lit au haut dans le coin de la gauche : *Rembrandt f.* 1654, et dans le milieu de l'estampe du même côté. *Rembrandt*, et au-dessous : *f.* 1654.

Largeur : 5 pouces 4 lignes. Hauteur : 3 pouces 7 lignes.

52. Autre Circoncision.

Ce morceau est gravé d'un très-bon goût et avec beaucoup d'effet. On y voit au milieu deux pontifes, dont celui qui est vers la gauche, tient sur ses genoux l'enfant Jésus, pendant que l'autre, qui est revêtu d'une chape, et assis vers la droite sur un siége pliant, le circoncit. La Vierge est à genoux sur le devant de la droite ; elle est couverte d'un voile, et prie les mains élevées. Saint Joseph paraît debout à côté d'elle ; il est incliné, et joint aussi les mains. Dans le haut de la gauche il y a un autel, sur lequel est placé un vase fumant, et à côté un lévite debout, qui tient une crosse de la main gauche. Les belles épreuves en sont fort rares.

Hauteur : 3 pouces 3 lignes. Largeur : 2 pouces 4 lignes.

53. Présentation au temple.

Le temple est représenté par une espèce de voûte. On voit dans la partie droite saint Siméon à genoux, qui tient entre ses bras l'enfant Jésus. La Vierge aussi à genoux est devant ce prophète, et au-dessus de sa tête on voit dans le fond saint Joseph debout, qui tient deux colombes dans ses mains; plusieurs figures, hommes et femmes, placées derrière, sont attentives à cette cérémonie. Au milieu paraît une grande figure debout; elle tient une béquille de la main gauche, et au-dessus de sa tête plane le Saint-Esprit. A la gauche sur le devant sont deux Juifs debout, qui parlent ensemble; et le fond représente l'intérieur du temple, où l'on voit plusieurs Juifs assemblés. Quoique ce morceau soit gravé d'un ton assez rembruni, l'effet n'y est jamais bien sensible.

Largeur : 10 pouces 9 lignes. Hauteur : 8 pouces.

Il y a quatre épreuves différentes de ce morceau.

Première épreuve. Saint Siméon est nu-tête; saint Joseph qui est debout tenant des colombes, est dans la demi-teinte, et porte une longue barbe éparse. Elle est fort rare.

Seconde épreuve. Saint Siméon a la tête couverte d'une calotte; son manteau est plus brun, et saint Joseph a une barbe plus courte.

Troisième épreuve. Le rayon qui descend de la gauche à la droite, la voûte à gauche, ainsi que celle à droite, et la colonne derrière saint Joseph, sont plus sensibles et marqués par un contour dur et tranchant.

Quatrième épreuve. Saint Joseph est coiffé d'un turban.

54. Présentation au temple.

Le sujet est traité d'une façon fort singulière. Sur la partie droite de l'estampe, on voit le grand-prêtre assis et élevé sur

une espèce de gradin. L'enfant Jésus est présenté par un autre
prêtre, qui est à genoux. La Vierge et saint Joseph sont dans
le bas de la partie gauche, et l'on voit au milieu encore un
prêtre en chape, tenant un bâton très-orné en forme de
crosse. Ce morceau est fort rare.

Hauteur : 7 pouces 9 lignes. Largeur : 6 pouces.

Il se trouve, mais rarement, des épreuves fort chargées
de manière noire, produite par les barbes tant des travaux à
l'eau-forte que de ceux à la pointe sèche.

55. Présentation au temple.

Cette planche est très-légèrement gravée ; et les épreuves
en sont presque toujours faibles, l'eau-forte n'ayant pas eu
le temps de faire tout son effet. Tout le sujet est porté vers
la droite. La Vierge y est habillée en paysanne ; elle est à
genoux, et placée au milieu de l'estampe devant saint Siméon,
qui est assis et qui tient l'enfant Jésus entre ses bras. Sur le
devant à gauche on aperçoit le fragment de la figure d'un
homme estropié de la jambe. Au milieu d'une petite marge,
qui est dans le bas, est gravé : *Rt.* 1630.

Hauteur : 3 pouces 10 lignes. Largeur : 2 pouces 11 lignes.

Il y a deux épreuves différentes de ce morceau.

Première épreuve. La planche est plus grande ; car elle
porte 4 pouces 6 lignes de haut, sur 2 pouces 11 lignes
de large. On voit au haut une marge blanche. Elle est extrêmement rare.

Seconde épreuve. La marge du haut est coupée, et la planche réduite à la grandeur de l'épreuve ordinaire.

56. Fuite en Égypte.

Dans ce petit morceau, le groupe est placé au milieu de la
planche, sur le devant. Saint Joseph tient un bâton de la main

gauche, et de l'autre l'âne par la bride. La Vierge assise sur l'âne a entre ses bras l'enfant Jésus. Le bagage, au-devant duquel est attaché une scie et un maillet, est sur la croupe de l'animal. Leurs pas se dirigent vers la gauche, où s'élève un grand tronc d'arbre. On lit au milieu du bas, dans une bande à moitié couverte de tailles : *Rembrandt inventor et fecit :* 1633. L'expression de l'effort que cet animal fait pour monter, y est parfaitement rendue.

Il y a deux épreuves différentes de ce morceau.

Première épreuve. D'un travail léger et délicat avec le fond de la planche teinté, autrement dit, avec le fond sale. Assez rare.

Seconde épreuve. Beaucoup plus travaillée et retouchée dans une manière un peu rembrunie.

Hauteur : 3 pouces 4 lignes. Largeur : 2 pouces 4 lignes.

57. Fuite en Égypte.

Ce morceau est gravé dans un goût qui tient de la manière noire. La Vierge est assise sur l'âne, que saint Joseph mène par la bride, en dirigeant ses pas vers la gauche. Ce saint tient de la main droite une lanterne qui éclaire tout le sujet. On lit au bas de la droite : *Rembrandt fecit.*

Hauteur : 4 pouces 8 lignes. Largeur : 4 pouces 1 ligne.

De toutes les estampes de Rembrandt, il n'y en a aucune, dont on rencontre tant d'épreuves différentes dans leur effet, que de celle-ci. Il y a des collections, où l'on en trouve jusqu'à huit. Cependant plusieurs de ces épreuves ne diffèrent entre elles que par la manière dont elles ont été imprimées. Il n'y a proprement que deux sortes d'épreuves, dont les différences soient essentielles et produites par des changemens faits sur la planche même; savoir :

Première épreuve. La figure de saint Joseph n'est presque

qu'au trait, et elle n'est ombrée que d'une taille. Ce n'est que dans cette première épreuve que l'on peut lire le nom de Rembrandt.

Seconde épreuve. Elle est entièrement retouchée, et toutes les parties des figures, qui dans la première épreuve sont tout-à-fait claires, ou ombrées d'une seule taille, sont entièrement couvertes de hachures dans celle-ci. Il est à observer que plus cette seconde épreuve est noire et vigoureuse, plus elle est rare. Les épreuves tirées de la planche ébarbée et usée sont d'un noir cru, et produisent peu d'effet.

58. Fuite en Égypte.

On y voit la sainte Vierge tenant entre ses bras l'enfant Jésus, assise sur l'âne, dont les pas sont dirigés vers la gauche. Saint Joseph, qui va devant, est vu de profil, et couvert d'un habit déguenillé et attaché avec une ceinture, à laquelle pend une scie. Il tient un bâton de la main gauche, et de l'autre l'âne par la bride. Ce morceau dont le fond est griffonné et maculé, est gravé légèrement.

Hauteur : 5 pouces 5 lignes. Largeur : 4 pouces 6 lignes.

Il y a cinq différentes épreuves de ce morceau.

Première épreuve. Elle est de la plus grande rareté. C'est celle que l'on vient de décrire.

Seconde épreuve. La planche est coupée et cintrée par le haut. Elle n'a que 3 pouces de hauteur et 1 pouce 11 lignes de large. Il n'y reste plus que la figure de saint Joseph, dont la jambe droite est ombrée seulement par-devant.

Troisième épreuve. La partie de la jambe droite, claire dans la seconde épreuve, est couverte dans celle-ci d'une taille légère.

Quatrième épreuve. La jambe droite de saint Joseph est couverte de plusieurs tailles qui se croisent.

Cinquième épreuve. Le bonnet de saint Joseph, élevé dans les quatre épreuves précédentes, est aplati dans celle-ci. Le fond à droite est couvert de doubles hachures jusqu'en bas, ce qui fait mieux distinguer la tête de l'âne. Enfin sur le sabot du pied gauche de saint Joseph il y a une double taille.

59. Fuite en Égypte.

La Vierge qui tient sur ses bras l'enfant Jésus, est assise sur l'âne, qui passe une petite rivière. Saint Joseph dans l'eau jusqu'aux genoux, mène l'âne par la bride, et tient de la main droite un bâton. Leurs pas sont dirigés vers la droite. On lit au bas vers la gauche : *Rembrandt : 1651.*

Largeur : 5 pouces 4 lignes. Hauteur : 3 pouces 6 lignes.

60. Fuite en Égypte.

Ce morceau représente un paysage, dont le milieu est percé, et au travers duquel on voit le lointain renfermé entre deux montagnes; sur celle de la gauche il y a plusieurs arbres, qui forment un bois. Une grande touffe d'arbres se trouve aussi sur le deuxième plan de la droite. On voit sur le devant du même côté une fuite en Égypte, la Vierge tient l'enfant Jésus enveloppé dans sa robe. Elle est montée sur un âne, à côté duquel saint Joseph marche. Leurs pas sont dirigés vers la gauche, et ils descendent une montagne. Cette estampe est mise au rang des rares.

Largeur : 10 pouces 6 lignes. Hauteur : 7 pouces 9 lignes.

Il y a deux épreuves différentes de cette pièce.

Première épreuve. Toute la partie droite de l'estampe est ombrée par une retouche à la pierre ponce, dans le goût du lavis. Fort rare.

Seconde épreuve. Les figures, ainsi que les terrasses qui les entourent, sont claires.

61. Repos en Égypte.

Joli petit morceau, gravé avec beaucoup de goût. La Vierge est assise à terre, au milieu du devant de la planche. L'enfant Jésus est posé sur ses genoux; elle porte la main droite au chapeau qui lui couvre la tête, et sa gauche est pendante. Derrière elle est saint Joseph assis sur une butte, appuyé sur le coude droit, et portant la main gauche sur son genou. A côté de sa tête, sur la gauche, on voit une lanterne attachée à un arbre; et sur la droite parait l'âne, dont on n'aperçoit que la tête et le cou.

Hauteur : 3 pouces 5 lignes. Largeur : 2 pouces 3 lignes.

Il y a deux épreuves différentes de ce morceau.

Première épreuve. Avant que l'âne fût gravé. Très-rare.

Seconde épreuve. C'est celle qui est décrite, et où l'on voit l'âne; les arbres y sont ombrés de hachures, qui ne se trouvent pas dans la première.

62. Repos en Égypte.

Ce morceau est gravé seulement au trait. Saint Joseph et la Vierge, qui sont assis, occupent le milieu de l'estampe. Saint Joseph a les jambes croisées l'une sur l'autre; il tient un fruit dans sa main gauche, et un couteau dans la droite. La Vierge a l'enfant Jésus sur ses genoux; elle lève le linge, qui le couvre, pour le voir dormir. A la droite de l'estampe on voit une selle aux pieds de saint Joseph; et à la gauche, tout au bas, on lit: *Rembrandt f.* 1645. Tout le sujet est à peine exprimé dans cette planche, l'eau-forte n'y ayant pas fait son effet.

Hauteur : 4 pouces 10 lignes. Largeur : 4 pouces 3 lignes

63. Repos en Égypte.

Pièce de la plus grande rareté, qui est peut-être unique. La sujet est traité singulièrement. Saint Joseph est assis à terre vers la droite; il a entre ses jambes une marmite posée sur du bois, et il tient de la main droite une jatte, dans laquelle la Vierge a pris, avec une cuiller, de quoi donner à manger à l'enfant Jésus, qu'elle tient sur ses genoux. L'âne est placé derrière saint Joseph, et l'on voit à ses pieds un panier à anse, rempli de différents outils de charpentier.

Cette estampe est légèrement gravée et presque au simple trait. Elle n'est pas exécutée avec le goût que Rembrandt mettait ordinairement dans ses ouvrages, ne pouvant la donner qu'à ses premiers essais dans la gravure. Ce qui détermine à la lui attribuer, c'est qu'elle faisait partie de l'œuvre que possédait J. Houbracken, graveur, et dont il fit l'acquisition à la vente du cabinet du bourguemestre Six, à qui Rembrandt, son ami intime, avait l'attention de donner ses ouvrages à mesure qu'il les produisait. J'ai vu cette même estampe dans l'œuvre qui appartenait à J. Barnard, laquelle est passée ensuite en Allemagne.

Hauteur : 8 pouces. Largeur : 6 pouces 1 ligne.

64. Retour d'Égypte.

On y voit saint Joseph et la Vierge à pied, tenant entre eux deux l'enfant Jésus par la main; un chien court devant eux, et leur marche est dirigée vers la droite. Le fond représente un paysage montagneux. On lit au bas de la droite : *Rembrandt f. 1654.* Les premières épreuves ont été tirées de la planche non ébarbée; et plus il y a de manière noire, plus l'épreuve est ancienne et belle. Assez rare.

Largeur : 5 pouces 4 lignes. Hauteur : 3 pouces 6 lignes.

65. La Vierge et l'enfant Jésus sur des nuages.

La Vierge est représentée avec le genou gauche plié, et sur l'autre l'enfant Jésus, qu'elle a dans ses bras. Elle a la tête élevée vers le ciel, et les mains croisées. Elle est sur des nuages, dans lesquels on voit, vers le bas de la jambe pliée de la Vierge, une tête renversée, qui ne paraît point avoir de rapport au sujet.

Apparemment que Rembrandt avait gravé cette tête sur la planche, avant de penser à y placer le sujet, qui s'y trouve maintenant. Au-dessous de cette tête renversée, on lit, dans les hachures des nuages : *Rembrand f.* 1641.

Hauteur : 6 pouces 3 lignes. Largeur : 3 pouces 11 lignes.

Pierre Yver rapporte dans son supplément, que M. de Burgy avait prétendu qu'il existait deux épreuves différentes de ce morceau, et que cette différence se trouvait principalement à la bouche de la Vierge. Cela est certain, mais cette différence est si peu conséquente qu'elle ne mérite pas d'être décrite. J'ai possédé des épreuves où l'on découvrait plusieurs endroits qui n'avaient pas été entièrement ébarbés, lesquelles étaient plus brillantes que les épreuves ordinaires, qui ne sont jamais bien vives.

66. La sainte Famille.

Saint Joseph est assis dans le fond sur la gauche, d'où vient le jour; il tient un livre ouvert, dans lequel il lit. On voit, vers la droite, la Vierge assise sur un degré, et donnant le sein à l'enfant Jésus. A côté d'elle est une corbeille, qui contient du linge. Au bas du degré, à la droite, est gravé : *Rt.* La pointe en est légère et spirituelle.

Hauteur : 2 pouces 7 lignes. Largeur : 2 pouces 8 lignes.

Il y a deux épreuves différentes de ce morceau.

Première épreuve, où l'on voit dans le milieu une arcade ouverte.

Seconde épreuve, où le fond est couvert de tailles.

67. Autre sainte Famille.

Morceau légèrement ébauché. Il représente la Vierge assise au bas d'une espèce de fauteuil, qui est sur la gauche, et à côté duquel est un chat. Elle paraît endormie, ainsi que l'enfant Jésus qu'elle tient dans ses bras. Saint Joseph les regarde à travers une fenêtre, qui est dans le fond en face. Le berceau de l'enfant Jésus occupe le fond de la droite. On lit au milieu du bas : *Rembrandt f.* 1654. Cette planche, gravée dans les derniers temps de notre artiste, est une des moindres qui soient sorties de sa pointe.

Largeur : 5 pouces 4 lignes. Hauteur : 3 pouces 6 lignes.

68. Jésus-Christ au milieu des docteurs.

Jésus est assis vers la gauche sur un petit banc, et parle à un des docteurs, qui est vu par le dos et assis sur le même banc. Trois autres, dont l'un est debout, sont vers la droite, et l'on en voit encore plusieurs dans une espèce de loge placée au bord de l'estampe, du même côté. Ce morceau n'est à-peu-près qu'une esquisse. On y lit au haut, un peu vers la gauche : *Rembrandt f.* 1654.

Largeur : 5 pouces 4 lignes. Hauteur : 3 pouces 6 lignes.

69. Jésus - Christ disputant avec les docteurs de la loi.

Ce morceau est, comme le précédent, très-légèrement esquissé. Jésus y est représenté debout au milieu du sujet, dirigé vers la droite. Il adresse la parole à trois docteurs assis de ce côté. Six autres scribes, que l'on voit au fond placés dans une loge, ainsi que plusieurs autres qui occupent la partie gauche, paraissent l'écouter avec intérêt. On lit au bas de la gauche : *Rembrandt f.* 1652.

Largeur : 7 pouces 11 lignes. Hauteur : 4 pouces 8 lignes.

Les premières épreuves diffèrent des épreuves ordinaires, en ce que les retouches à la pointe sèche n'ayant pas été ébarbées, il en résulte que dans plusieurs endroits l'on y trouve de la manière noire, principalement au bonnet élevé de la figure placée derrière Jésus; et que dans le haut, près du bord de la planche, on n'y voit point les taches qui sont dans les épreuves postérieures. Il est probable qu'après avoir fait le premier tirage de cette planche, elle n'ait pas été nettoyée dans ces parties, où le vert-de-gris s'est mis et a eu le temps d'y creuser les taches qui paraissent dans les épreuves du second tirage.

70. Jésus-Christ au milieu des docteurs de la loi.

On voit dans la partie droite de ce morceau Jésus debout sur deux marches rondes, dans l'attitude d'une personne qui récite quelque chose. Il adresse la parole à un docteur assis au milieu de l'estampe, avec deux autres à ses côtés, dont l'un vers la gauche est vu par-derrière. Dans le fond de ce même côté, trois scribes assis autour d'une table paraissent disputer ensemble sur ce qu'un des trois lit dans un grand livre placé sur cette table. Cette petite estampe ne se trouve jamais belle d'épreuve, l'eau-forte n'ayant pas assez mordu.

Hauteur : 3 pouces 4 lignes. Largeur : 2 pouces 6 lignes.

Il y a trois épreuves différentes de ce morceau.

Première épreuve. Elle est de la plus grande rareté. On ne voit qu'un seul scribe à la table, dans le fond à gauche. Les deux figures assises tout-à-fait à gauche et adossées au bord de la planche, sont claires. La planche porte 4 pouces 1 ligne de haut, sur 3 pouces de large. On lit dans une petite marge en bas : *Rt.* 1636. Les bords de la planche sont sales et un peu raboteux.

Seconde épreuve. Elle ne diffère de la première, qu'en

ce que les deux figures placées à la gauche, au bord de la planche, sont ombrées de tailles. Elle est aussi extrèmement rare.

Troisième épreuve. C'est l'ordinaire qui a été décrite. La planche réduite, et les trois scribes à la table. Plus les bords de la planche sont sales, plus l'épreuve est ancienne.

71. Jésus-Christ prêchant, ou la petite tombe.

Jésus-Christ est debout au milieu de l'estampe, sur une espèce de tombe, prêchant au peuple, les deux mains élevées et dirigées vers la droite. On voit au milieu du bas de l'estampe, un enfant couché, qui trace avec le doigt quelque chose sur le plancher, et qui a sa toupie à côté de lui.

Largeur : 7 pouces 8 lignes. Hauteur : 5 pouces 9 lignes.

Il y a trois épreuves différentes de ce morceau.

Première épreuve. Elle n'est connue qu'à la bibliothèque du roi de France, ce qui fait présumer qu'elle est unique. Le coin du mur qui est derrière Jésus-Christ, ne s'y voit pas ; l'homme coiffé d'un turban élevé qui est dans le fond à gauche, a la barbe ombrée d'une seule taille. L'homme qui porte son pouce à sa bouche, aussi du même côté, n'a que deux boutons mal exprimés au haut de son habit ; l'enfant couché sur le ventre n'a point de toupie à côté de lui, et la femme vue par-derrière, assise près de cet enfant, n'a que de légères tailles sur le dos. L'effet des barbes y est vif et brillant.

Seconde épreuve. L'effet des barbes y est très-vigoureux. L'homme coiffé d'un turban, debout sur le devant à gauche, a le bras droit fort poussé au noir. Le coin du mur qui est derrière Jésus-Christ, y est gravé ; et l'homme qui n'a que deux boutons à son habit, en a cinq. La figure du fond à gauche est plus ombrée, ainsi que sa barbe, et l'on y voit la toupie de l'enfant couché sur le ventre.

Troisième épreuve. Ébarbée dans toutes les parties ; l'homme au turban, vu à gauche, a la manche droite éclaircie : cette dernière épreuve, devenue sèche et dure par l'absence des barbes, n'est point estimée ; elle est aussi très-commune.

72. Le denier de César.

Petit morceau gravé avec goût, produisant un bel effet. Jésus-Christ au milieu des pharisiens, répond aux questions qu'ils lui font au sujet du tribut dû à César. Il est vu de face, et met la main gauche dans celle de l'un des pharisiens, en tenant la droite élevée. Dans le fond de la gauche, il y a un morceau d'architecture en perspective et fort éclairé, qui parait être un temple ; et dans le lointain on aperçoit trois figures. Sur le devant, du même côté, au-dessous d'une voûte, il y a deux autres figures assises, dont une lit dans un livre.

Largeur : 3 pouces 9 lignes. Hauteur : 2 pouces 9 lignes.

Il y a trois épreuves de ce morceau.

Première épreuve. La tête du docteur, qui est assis sur la droite, est moins ombrée.

Seconde épreuve. La tête de ce docteur est plus ombrée, ainsi que le reste de l'estampe.

Troisième épreuve. Entièrement retouchée, principalement à la petite voûte qui est dans le coin à gauche.

73. Jésus-Christ chassant les vendeurs hors du temple.

Jésus-Christ est au milieu du sujet, poursuivant avec un fouet une foule de vendeurs, qui, en précipitant leur fuite, renversent un bureau de changeurs. On voit sur la gauche un morceau d'architecture orné de colonnes, en perspective, et au milieu du cintre un lustre suspendu à une corde. Dans une espèce de tribune élevée dans le fond à droite, on aperçoit un grand-prêtre assis sous un baldaquin et entouré de plusieurs personnes. Au bas de la droite est gravé : *Rembrandt f.* 1635.

Largeur : 6 pouces 3 lignes. Hauteur : 5 pouces.

Il y a deux épreuves différentes de ce morceau.

Première épreuve. L'homme tombé sur le dos, a le haut de la figure clair, et la bouche plus petite et moins travaillée. Cette épreuve est toujours plus légère et d'un ton plus brillant que l'épreuve ordinaire.

Seconde épreuve. L'homme renversé a le visage beaucoup plus ombré, ainsi que la bouche qui est plus grande, et dont on ne voit plus la lèvre inférieure.

74. La Samaritaine.

Morceau cintré par le haut. Jésus-Christ est assis derrière un puits, à la partie gauche ; il a le bras droit appuyé sur un petit mur, et la main gauche sur son genou. La Samaritaine est debout vis-à-vis du Sauveur, vers le milieu de la planche ; elle s'appuie sur le seau qui est placé sur le bord du puits, ayant les bras croisés devant elle. Le fond à droite présente un pays montagneux, orné d'arbres et de fabriques. On y voit cinq figures d'hommes dans un enfoncement ; et plus loin, sur une élévation, paraissent trois autres hommes, dont un est à cheval.

Largeur : 5 pouces 11 lignes. Hauteur : 4 pouces 8 lignes.

Il y a trois épreuves différentes de ce morceau.

Première épreuve. La planche est plus grande de 3 pouces par le haut. Il n'y a ni nom ni année. Vers la main que Jésus-Christ a posée sur son genou, il y a une grande partie noire, ainsi qu'aux endroits qui entourent sa tête. De la plus grande rareté.

Seconde épreuve. La marge du haut est coupée; elle est aussi sans nom.

Troisième épreuve. C'est celle qui est décrite. On y lit sur une pierre au-dessus du puits: *Rembrandt f. 1658*. Les ombres noires autour de la tête et vers la main gauche de Jésus-Christ, sont éclaircies.

75. Autre Samaritaine.

La gauche de cette estampe est occupée par une ruine en perspective. On voit sur le devant, en face, deux morceaux de charpente supportant une poulie, d'où pend une chaîne de fer, au bout de laquelle est attaché un seau. La Samaritaine tient cette chaîne de la main droite, pendant qu'elle s'appuie de la gauche sur le bord du puits. Jésus-Christ paraît de l'autre côté du puits vers la gauche, ayant la main droite élevée en parlant à la Samaritaine. Dans le lointain de la droite est la ville de Samarie, et un peu plus au-devant, on voit quelques disciples. Au haut du même côté on lit: *Rembrandt f. 1634*. Cette estampe est d'un ton brillant.

Hauteur: 4 pouces 5 lignes. Largeur: 3 pouces 10 lignes en haut. et 4 pouces en bas.

Il y a deux épreuves différentes de ce morceau.

Première épreuve. La partie du puits qui est ombrée au-dessus du pied de Jésus-Christ, est plus claire. Depuis le milieu de la hauteur de la planche, sur le bord à gauche, jusqu'en bas, on aperçoit quelques petites parties toutes blanches.

Seconde épreuve. L'ombre au-dessus du pied de Jésus-Christ plus forte, et les parties blanches sur le bord de la planche à gauche, sont éteintes.

76. Petite résurrection de Lazare.

Lazare se relève du tombeau, qui est au bas de la droite.

Jésus-Christ debout vers la gauche, a la main droite posée sur sa poitrine et l'autre élevée. A ses côtés et derrière lui, il y a plusieurs spectateurs en diverses attitudes de surprise et d'attention. Le fond offre un rocher percé au milieu. On lit au bas de la gauche : *Rembrandt f.* 1642. Ce morceau gravé d'une pointe fine et légère ne produit pas grand effet.

Hauteur : 5 pouces 7 lignes. Largeur : 4 pouces 2 lignes.

77. Grande résurrection de Lazare.

Jésus-Christ est debout vers le milieu de l'estampe, un peu sur la gauche, et dirigé vers la droite; il est sur une pierre, qui paraît avoir couvert le sépulcre de Lazare. Il a le bras gauche élevé et le droit posé sur la hanche. Derrière lui, tout-à-fait à la gauche, est un groupe de six hommes, dont le plus élevé et qui a les mains jointes, semble fuir d'effroi. Aux pieds de Jésus-Christ, on voit Lazare dans le tombeau à moitié levé ; et vis-à-vis de lui, tout-à-fait à la droite, sont plusieurs figures, parmi lesquelles se distinguent une jeune femme, les bras étendus, qui semble approcher pour le recevoir, et derrière elle un homme, qui paraît reculer épouvanté. Au-dessus de Jésus-Christ paraissent deux rideaux, qui forment une espèce de dais mortuaire, au fond duquel on voit suspendus un bonnet et plusieurs armes. Toute la partie droite, d'où vient le jour, est éclairée. Ce morceau cintré par le haut et gravé avec fermeté, offre un grand effet de lumière. On lit au milieu de la planche, à côté de la poitrine de Jésus-Christ : *Rt. v. Ryn. f.* sans année.

Hauteur : 13 pouces 7 lignes. Largeur : 9 pouces 6 lignes.

Il y a six épreuves différentes de ce morceau.

Première épreuve. Elle est encore moins travaillée que celle qui est décrite par Bartsch, comme première épreuve : principalement à la bordure, qui n'est ombrée que de simples hachures en zigzag ; au lieu que dans l'autre on voit des coups de burin

4

en long, qui croisent les premières hachures. Cette épreuve inédite se trouve dans l'œuvre de Rembrandt que possède M. Verstol, amateur à Amsterdam.

Seconde épreuve (première selon Bartsch). Elle est de la plus grande rareté. L'homme épouvanté, qui semble reculer, sur la droite, ainsi que celui à grande barbe derrière lui, n'ont point de bonnet sur la tête. Au coin de la droite de l'estampe, est une femme vue par le dos.

Troisième épreuve. Aussi très-rare. Les figures sur la droite sont sans bonnet, comme dans les précédentes. La femme penchée, qui tient un mouchoir de la main droite, a la tête d'un autre caractère; et sur le coin de la droite est une femme vue de profil.

Quatrième épreuve. Elle ne diffère de la troisième qu'en ce que les petites figures dans le fond, vues à la droite de l'homme épouvanté, sur la droite, sont retouchées durement.

Cinquième épreuve. L'homme effrayé, à la droite, est couvert d'un bonnet, et celui à grande barbe a sur la tête une petite calotte très-plate, qui laisse voir tout son front. La femme qui regarde Lazare, a la tête d'un autre caractère que dans les précédentes.

Sixième épreuve. Le vieillard à grande barbe, qui, dans la cinquième épreuve, a sur la tête une petite calotte plate, est couvert d'un bonnet de la forme d'un turban, et son visage est d'un autre caractère; et la tête qui est la plus près du vieillard à grande barbe, est couverte d'un bonnet.

Septième épreuve. Entièrement retouchée. On la distingue de la sixième par l'ombre qui est au-dessous de la tête du vieillard à grande barbe, et qui s'étend jusqu'au contour du visage de celui qui est le plus près du vieillard; au lieu que, dans la sixième épreuve, il y a du blanc au milieu de cette tête et l'ombre mentionnée.

On connaît les anciennes épreuves avec le bonnet, à une

tache noirâtre qui paraît sous le nez de la femme effrayée
dans le fond à droite, et y forme comme une moustache;
plus cette marque est forte, plus l'épreuve est ancienne et
vigoureuse.

On a de ce morceau une copie très-bien imitée. Elle a été
faite par M. De Non, amateur célèbre, demeurant à Paris, duquel on a un grand nombre de belles estampes gravées à l'eau-
forte d'un goût admirable, et d'un mérite généralement reconnu.

78. La pièce de cent florins.

Jésus-Christ guérissant les malades. On le voit debout
placé de face vers le milieu de l'estampe, un peu sur la
gauche; il a le coude appuyé sur un pan de pierre, et sa
main est élevée. Il parle au peuple, la main droite en avant.
Au bas du milieu, sur le devant, est une femme malade et
languissante, couchée par terre sur une natte et de la paille
sous ses pieds, qui, avec plusieurs autres malades, implore
le secours de Jésus-Christ. Il y a sur la gauche une quantité
de figures, qui paraissent observer ses miracles; et sur la
droite, on voit un grand nombre de malades, dont un entre
autres est couché en travers sur une brouette. Toute la partie
droite est fort ombrée, et la gauche toute claire. Extrêmement rare.

Largeur : 14 pouces 8 lignes. Hauteur : 10 pouces 5 lignes.

Je compte trois épreuves bien distinctes de ce morceau
avant la retouche du capitaine Baillie.

Première épreuve, inédite. Elle se distingue des autres
par le cou de l'âne vu dans le coin à droite, qui est clair, et
les barbes qui se trouvent aux figures qui composent la partie
gauche, principalement aux mains de la grande figure debout et vue par le dos dans le coin à gauche, qui sont fort
poussées au noir. Cette épreuve rare est généralement d'un
ton très-vigoureux, velouté et transparent.

Seconde épreuve. Les mains de l'homme vu par le dos dans le coin à gauche sont éclaircies, et le cou de l'âne est couvert de tailles tirées obliquement de gauche à droite. Sous le rapport de l'harmonie, cette épreuve est supérieure à la première, pourvu qu'il reste encore tant soit peu de barbes aux grandes figures qui composent la partie claire du sujet; alors la partie ombrée se trouve, à très-peu de chose près, aussi vigoureuse et aussi veloutée que dans la première épreuve. Fort rare, sur papier de soie du Japon.

Troisième épreuve. Le fond est retouché, de façon que l'on ne voit plus la voûte qui paraît dans les autres, au-dessus de la tête de Jésus-Christ. Toutes les figures de la partie claire du sujet sont entièrement ébarbées, ce qui en rend le travail sec. Quant à la partie ombrée, elle est d'un noir boueux sans transparence.

Quatrième épreuve. Entièrement retouchée par Guillaume Baillie, capitaine anglais.

Cinquième épreuve. La planche coupée en quatre morceaux de grandeur différente.

Le premier de ces morceaux contient la figure de Jésus-Christ au milieu des malades. Il porte 10 pouces 3 lignes de haut, sur 7 pouces 1 ligne de large.

Le second est la partie droite, où l'on voit le malade couché en travers sur une brouette. Il a 7 pouces 1 ligne de haut, sur 4 pouces 6 lignes de large.

Le troisième est la partie inférieure de la gauche, où est un homme debout vu par le dos, et tenant un bâton de ses deux mains croisées derrière lui. Sa hauteur est de 5 pouces 3 lignes, et sa largeur de 2 pouces 10 lignes.

Le quatrième est la partie supérieure de la gauche, avec sept spectateurs juifs représentés à mi-corps. Il porte 2 pouces 9 lignes de large, sur 2 pouces de haut.

On trouve des épreuves du premier morceau, où le haut

de la planche est cintré, le chien entièrement effacé, et le pied du malade couché en travers sur la brouette, couvert de hachures.

79. Jésus-Christ dans le jardin des Olives.

Jésus-Christ est placé en face vers la droite, priant à genoux, et soutenu par un ange. Dans un petit éloignement, vers le bas de la gauche, on voit les apôtres, qui dorment à terre, et dans le fond du même côté, on aperçoit la porte du jardin, par laquelle entrent les satellites, qui viennent pour se saisir de Jésus-Christ. Le fond est chargé d'ouvrages. On lit avec beaucoup de peine, tout-à-fait dans le coin de la droite : *Rembrandt f.* 165. Le chiffre 5 est si près du bord de la planche, qu'il n'y a point eu assez de place pour pouvoir ajouter le quatrième chiffre.

Hauteur: 4 pouces 1 ligne. Largeur : 3 pouces, 1 ligne.

Les premières épreuves, qui sont très-piquantes d'effet, ont été tirées de la planche non ébarbée.

80. Jésus-Christ présenté au peuple.

On y voit la façade d'un prétoire, au-devant de laquelle est un corps avancé tout uni, en forme d'un grand socle; au-dessus paraît Pilate et sa suite, qui montre Jésus-Christ au peuple assemblé au bas du socle. On lit au-dessus d'une petite porte à droite: *Rembrandt f.* 1655.

Largeur : 16 pouces 10 lignes. Hauteur : 13 pouces 3 lignes.

Il y a cinq épreuves différentes de ce morceau.

Première épreuve. La planche est plus haute d'un pouce. Le bâtiment à droite est blanc sans hachures dans le haut, sans nom ni année. Il y tant de manière noire que l'on ne distingue presque pas le visage du Juif qui se voit debout au haut de l'escalier à droite. Fort rare.

Seconde épreuve. La dimension est la même, et également sans nom ni année. Le dessus du portique qui se voit dans le fond à gauche, est recouvert de tailles tirées diagonalement de droite à gauche. Le visage du Juif debout au haut de l'escalier à droite, se détache en clair sur le fond noir de la porte d'où il paraît sortir, ainsi que la figure que l'on voit en dedans de la fenêtre, vers le haut à droite, qui s'y trouve éclaircie et plus distincte. Elle est aussi très-rare.

Troisième épreuve. La planche rognée par le haut d'un pouce. Au corps de logis en aile, sur la droite, il y a une balustrade au-dessus des fenêtres. Cette partie, qui dans les épreuves précédentes est en blanc, se trouve ombrée d'une seule taille dans celle-ci, et l'on y voit le nom de Rembrandt avec l'année.

Quatrième épreuve. Toutes les figures devant le grand socle du milieu sont effacées, et ce socle est tout blanc. Le bâtiment à droite est peu ombré.

Cinquième épreuve. On voit dans le grand socle un mascaron dans le milieu du bas, et deux niches aux côtés. La porte du milieu de l'édifice, au-devant de laquelle Jésus-Christ est exposé à la vue du peuple, est cintrée par le haut. Il y a en outre quelques petits ornements au-dessous de la corniche du haut de la même porte. On aperçoit sur le pas de la porte, à gauche, trois hommes qui ont la tête couverte d'un turban, et qui ne se voient point dans les épreuves précédentes. Les épreuves dites au mascaron ont encore quelques différences.

Première épreuve. La statue à grande barbe, placée entre deux niches, n'est pas couverte de hachures diagonales, et le visage, ainsi que la barbe, paraissent distinctement.

Seconde épreuve. La statue à grande barbe est couverte de hachures diagonales, et le visage avec la barbe ne sont pas aussi distincts que dans la première, quoiqu'elle soit fort poussée au noir.

81. Les trois Croix.

Ce morceau, pendant du précédent, représente Jésus-Christ crucifié entre les deux larrons. Un des disciples embrasse la croix, à laquelle Jésus-Christ est attaché. Au bas de de cette même croix, on voit la Vierge évanouie dans les bras des saintes femmes. Entre le Christ et le bon larron sont deux cavaliers armés de toutes pièces. On y voit un autre cheval, qu'un valet mène vers la gauche. Toutes ces figures du milieu ne sont presque qu'au trait. Sur la gauche, un peu vers le bas de l'estampe, est un groupe composé d'un vieillard affligé et de quelques personnes qui l'emmènent. Au milieu du devant deux hommes descendent le Calvaire, en dirigeant leurs pas vers la droite. On lit au milieu du bas, un peu vers la gauche : *Rembrandt f.* 1653.

Largeur : 16 pouces 8 lignes. Hauteur : 14 pouces 4 lignes.

Il y a trois épreuves différentes de ce morceau.

Première épreuve. Elle est de la plus grande rareté. La tête du vieillard affligé, que quelques personnes emmènent vers la gauche, n'est qu'au trait. Il n'y a ni nom ni année.

Seconde épreuve. Semblable à la précédente, excepté que la tête du vieillard affligé se trouve entièrement finie, et que le nom de Rembrandt et l'année sont au bas de l'estampe. Elle est aussi extrêmement rare.

Troisième épreuve. Totalement différente dans la composition du sujet, à l'exception seule de la position du Christ en croix et du larron qui est sur la gauche ; presque toutes les figures y sont changées et différemment groupées. La tête du cheval du cavalier, qui est le plus près de la croix du Christ, est tournée vers la droite : à la place du cheval qu'un valet conduit vers la gauche, il y en a un autre dirigé vers la droite, et un cavalier monte dessus. Le groupe du vieillard affligé et des personnes qui l'emmènent vers la gauche, est effacé, ainsi que l'un des hommes qui descendent le Calvaire. Toute la planche est couverte de hachures crues, qui se croisent en divers sens et répandent des ténèbres sur presque toute la planche, principalement aux deux côtés. Rembrandt n'ayant point ébarbé ces hachures sur la planche, les épreuves en sont fort poussées au noir, principalement celles qui ont été tirées les premières. Fort rare.

82. L'Ecce Homo.

On voit Pilate, placé sous un dais, à la droite, le bras gauche étendu ; il parle à plusieurs Juifs, dont un à genoux tient le roseau qu'il doit présenter à Jésus-Christ. Celui-ci est vu de face et debout, exposé aux regards du peuple, et entouré de plusieurs satellites ; il a les yeux levés vers le ciel, et les mains jointes et pendantes devant lui ; sa tête est couverte de la couronne d'épines, et son corps d'un simple manteau attaché par le milieu avec une corde. Au bas du trône de Pilate, un Juif étend la main droite vers la multitude, qui occupe tout le bas de la gauche. Ce Juif, par son attitude, semble vouloir apaiser le peuple, en lui promettant que l'on va acquiescer à sa demande. On lit dans la marge du bas, vers la gauche : *Rembrandt f.* 1636, *cum privile.* Ce morceau est fort estimé, et se trouve difficilement beau d'épreuve.

Hauteur : 20 pouces 4 lignes. Largeur : 16 pouces 6 lignes.

Il y a trois épreuves différentes de ce morceau.

Première épreuve. Le groupe de figures où se trouve Pilate et le Juif qui étend sa main droite vers la multitude, ne s'y voit point ; toute cette partie, jusqu'au bord de la planche à droite, est blanche sans le moindre trait. Il n'y a de gravé que le groupe de satellites qui accompagne Jésus-Christ, et la multitude qui est dans le fond, à gauche, ainsi que les spectateurs qui occupent le bas de l'estampe. Le dessus du dais y est plus grand que dans les autres épreuves, et l'on découvre dans le fond, vers la gauche, un grand cadran, qui ne paraît point dans les épreuves finies. J'ai vu plusieurs de ces épreuves que Rembrandt avait retouchées au pinceau avec du bistre. Toutes ces sortes d'épreuves d'essai sont de la plus grande rareté, n'ayant été tirées qu'en très-petit nombre.

Seconde épreuve. Entièrement terminée, à l'exception de l'ombre formée par des contre-tailles sur le visage du Juif qui est au-dessus de celui qui tient le roseau. On connaît les premières épreuves tirées de cette façon par les traits échappés dans la marge du bas, qui ne sont pas ébarbés. Extrêmement rare.

Troisième épreuve. Avec l'ombre sur le visage du Juif qui est au-dessus de celui qui tient le roseau. On ne trouve pas facilement cette estampe belle d'épreuve et bien conservée.

83. La descente de croix.

Grand morceau en hauteur, servant de pendant au précédent. Le sujet est éclairé par des rayons, qui descendent du haut du ciel et qui tombent directement sur le groupe de ceux qui sont occupés à descendre Jésus-Christ de la croix. On voit, dans le haut, un homme appuyé sur une des traverses de la croix, qui tient de la main droite le linceul, dans lequel on doit poser le corps du Christ. Il y a de chaque côté un homme sur une échelle ; l'un d'eux soutient le bras gauche du Sauveur entre les deux siens, et l'autre lui soulève le bras droit. Deux hommes qui le prennent et le supportent, sont au-dessous. A côté, vers la gauche, est un Juif debout, vu de profil, coiffé d'un turban dont les bouts pendent par derrière, et couvert d'un manteau brodé et doublé de fourrure ; il a la main droite appuyée sur un bâton : cet homme paraît être Joseph d'Arimathie. Du même côté, dans le lointain, on voit la ville de Jérusalem. Au bas de la droite est, à ce qu'il parait, la Vierge et la Magdelaine, qui étendent un tapis pour recevoir le corps de Jésus-Christ, et derrière elles on voit plusieurs spectateurs qui paraissent être sensiblement touchés de cette triste scène. Dans la marge du bas on lit : *Rembrandt f. cum privil.* 1633, et vers la droite : *Amstelodami Hendricus Vlenburgensis excudebat.*

Hauteur : 19 pouces 6 lignes. Largeur : 15 pouces 2 lignes.

Il y a quatre épreuves différentes de ce morceau.

Première épreuve. Toutes les figures qui composent ce sujet n'y sont exprimées que très-faiblement, et d'une manière si embrouillée, que nombre de ses parties ne se distinguent presque point. A l'inspection de cette épreuve curieuse, il se manifeste que Rembrandt, en préparant sa planche, l'avait trop chauffée, et par-là brûlé le vernis. Sans se douter de cet accident fâcheux il grava son sujet, et il n'en apprit les suites désagréables que lorsqu'il versa l'eau-forte sur la planche, et que Rembrandt fut obligé d'en ôter l'eau-forte, trop tôt à l'égard de la gravure, mais déjà trop tard pour le reste. Elle est généralement sale et grise, et montre les traces du vernis écrasé. A un pouce de distance au-dessous du pied droit du Juif debout à la gauche, est écrit *Rembrandt f.*, et au-dessous : 1633. La partie inférieure des deux derniers chiffres n'est point exprimée. On ne connait que trois épreuves de cette façon. Savoir : deux à Paris, et une à Londres.

Seconde épreuve. Toute la planche regravée une seconde fois, et de forme carrée par le haut, au lieu d'être cintrée comme dans la première. Les hommes qui sont au-dessous et qui supportent le corps de Notre Seigneur, ont les jambes ombrées d'une seule taille, au lieu que dans les épreuves postérieures, on voit plusieurs tailles qui se croisent. Fort rare.

Troisième épreuve. Les hommes qui sont au-dessous et qui supportent le corps du Christ, ont les jambes ombrées de contre-tailles. Cette épreuve n'a pas la finesse et le brillant de la précédente, quoique plus forte de ton, ce qui me fait présumer que Rembrandt aurait pu la remordre, surtout dans les parties les plus ombrées, où l'on trouve une dureté qui n'est point dans l'autre. Elle est également avant l'adresse, et ne se trouve pas communément.

Quatrième épreuve. C'est celle qui porte l'adresse de Hendricus Vlenburgensis, etc.

84 Jésus-Christ en croix entre les deux larrons.

La croix du Christ est tournée un peu vers la droite; de ce même côté un peu plus loin, est le bon larron en face; l'autre, vu par-derrière, est à la gauche. Le bâton au bout duquel est l'éponge, est posé sur cette croix. Les Maries se trouvent au pied de la croix de Jésus-Christ, et plusieurs autres figures sont rassemblées autour. Ce sujet est gravé d'une pointe légère et extrêmement fine, sur une planche de forme ovale.

Hauteur: 5 pouces. Largeur: 3 pouces 8 lignes.

Les premières épreuves ont été tirées de la planche non ébarbée; elles sont veloutées et piquantes dans leur effet. Les épreuves communes se reconnaissent en ce qu'elles n'ont presque plus de manière noire, et qu'elles sont généralement grises de ton, sans effet.

85 Jésus-Christ en croix.

La croix où Jésus-Christ est attaché, est placée de côté vers la partie gauche. La Vierge est vis-à-vis, à terre, entre les bras d'une sainte femme et d'un disciple, qui semblent la consoler; il y a sur le devant une femme en robe, vue par le dos, et coiffée d'un turban, qui est fort ombré : au milieu du haut de la planche est gravé: *Rembrandt f.* On trouve, mais rarement, des épreuves où le fond est sale.

Hauteur: 3 pouces 6 lignes. Largeur: 2 pouces 6 lignes.

86 Descente de croix.

Ce morceau est gravé presqu'au trait. Le Christ qui est au milieu de la planche, et presque de face. Son bras gauche est déja détaché de la croix ; et de l'autre côté, on voit un homme monté sur une échelle double, qui, avec des tenailles, arrache le clou qui tient la main droite. Sur le devant, à gauche, est la Vierge évanouie entre les bras d'une femme ; au bas, vers la droite, est gravé : *Rembrandt f.* 1642. Dans les premières, il se trouve de la manière noire aux figures qui sont sur le devant à gauche, et à plusieurs autres endroits de l'estampe, et le fond en est sale.

Hauteur: 5 pouces 6 lignes. Largeur: 4 pouces 4 lignes.

87 Autre descente de croix, au flambeau..

On voit le pied de la croix à la partie gauche de l'estampe, sur une colline ; au bas est placé un brancard, sur lequel un homme étend un linceul pour recevoir le corps de Jésus-Christ, que les disciples viennent de descendre de la croix. Sur le bord du linceul, un peu vers la gauche, est écrit : *Rembrandt f.* 1654. Les premières épreuves ont été tirées avec les barbes de la pointe sèche.

Hauteur: 7 pouces 9 lignes. Largeur: 5 pouces 11 lignes.

88 Le transport de Jésus-Christ au tombeau.

Morceau gravé légèrement et avec beaucoup d'esprit. On voit à droite le corps de Jésus-Christ étendu sur un brancard, porté par quatre personnes, autour desquelles sont plusieurs autres qui pleurent. On conduit ce brancard vers une caverne que l'on aperçoit sur la gauche. Au milieu du bas est écrit: *Rembrandt.* La planche n'ayant pas été ébarbée dans toutes ses parties, il en résulte que l'on trouve de la manière noire dans plusieurs endroits aux premières épreuves.

Hauteur: 4 pouces 11 lignes. Largeur: 4 pouces.

89 Vierge de douleur.

La Sainte Vierge, vue à mi-corps, dirigée vers la droite, au-devant d'un appui de pierre, sur lequel sont placés la couronne d'épines et les clous. Elle paraît méditer sur ces tristes marques de la passion. Morceau de la plus grande rareté.

Hauteur: 4 pouces 1 ligne. Largeur: 3 pouces 4 lignes.

Il y a deux épreuves différentes de cette estampe.

Première épreuve. On voit plusieurs tailles durement gravées et non ébarbées au-dessous des deux bras et sous le menton de la Vierge.

Seconde épreuve. Ces tailles dures sont ébarbées, par conséquent plus claires et plus en harmonie avec le reste.

90 Jésus-Christ au tombeau.

On voit au bas de la partie droite les disciples qui mettent le corps de Jésus-Christ dans le tombeau; sur le devant, à gauche, sont les trois Maries qui pleurent sa mort: dans le fond paraît un grand enfoncement cintré, au bas duquel il y a un appui de pierre, par-dessus lequel se voient deux têtes de morts placées dessus.

Hauteur: 6 pouces 8 lignes. Largeur : 6 pouces.

Il y deux épreuves différentes de ce morceau.

Première épreuve, à l'eau-forte seulement. Le haut de la planche n'est gravé que d'une simple taille; l'endroit, entre la Vierge assise et le disciple, vu par le dos, est tout en blanc.

Seconde épreuve. Entièrement couverte de hachures, à l'exception de la figure du Christ et des têtes des deux apôtres, vus de face, qui sont derrière le Christ.

91. Les Disciples d'Emaüs.

Ce morceau est gravé d'un ton dur et à grosses tailles. Jésus-Christ est à table au milieu de deux de ses disciples ; il est représenté au moment où il vient de faire la fraction du pain, dont il tient un morceau de chaque main : il a devant lui un plat de viande, et un gobelet. Sur la gauche, un des disciples est debout, les mains jointes et élevées ; l'autre est assis sur la droite, ayant les deux bras écartées, dans une attitude de surprise. On voit, du même côté, sur le devant, un cuisinier qui descend un escalier, et qui a la main gauche appuyée sur la rampe : au bas de la gauche est écrit : *Rembrandt f.* 1654. Cette estampe n'est estimée qu'autant qu'elle a été tirée de la planche non ébarbée.

Hauteur : 7 pouces 10 lignes. Largeur : 5 pouces 11 lignes.

Il y a deux épreuves différentes de ce morceau.

Première épreuve. Les rayons qui sont autour de la tête de Jésus-Christ, ainsi que le chapeau du disciple, qui est à droite, ont manqué à l'eau-forte en plusieurs endroits. Cette épreuve, quoique imparfaite est recherchée par les amateurs de raretés.

Seconde épreuve. Les rayons et le chapeau du disciple sont bien exprimés. Il y a une ombre à côté de la tête du disciple qui est debout, ainsi que sur le rideau du baldaquin, vers la droite.

92. Les petits disciples d'Emaüs.

On voit sur la droite de ce morceau Jésus-Christ qui rompt le pain. Il a un chien à ses pieds sur le devant. Le disciple qui est à sa droite, coupe un gigot qu'il tient de la main gauche. Le second disciple est tout-à-fait sur la gauche, assis dans un fauteuil vis-à-vis de Jésus-Christ, priant Dieu, les mains jointes et élevées. On lit au milieu de la marge du bas :

Rembrandt f. 1634. Les belles épreuves ont un peu de manière noire aux rayons, et sont brillantes de ton. Cette petite estampe, gravée avec goût, est fort estimée.

Hauteur : 3 pouces 9 lignes. Largeur : 2 pouces 8 lignes.

93. Jésus-Christ au milieu de ses disciples.

Morceau très-légèrement gravé et sans effet. On y voit Jésus-Christ apparaissant à ses disciples après sa mort. Il est debout au milieu de l'estampe, dirigé un peu vers la gauche, où Thomas est à genoux devant lui. Les autres disciples placés aux deux côtés, expriment leur étonnement des paroles de Jésus-Christ, qui semble dire à Thomas : *Vous avez cru, Thomas, parce que vous avez vu*, etc. Ce morceau n'est pas commun, surtout avec le fond sale et les barbes. On lit au milieu du bas : *Rembrandt f.* 1650.

Largeur : 7 pouces 10 lignes. Hauteur : 6 pouces.

94. Le bon Samaritain.

On voit sur le devant un cheval presque de profil, qu'un page tient par la bride. A côté du cheval paraît un valet d'hôtellerie, qui emporte entre ses bras le blessé qu'il a enlevé de dessus le cheval. A la gauche est un perron qui conduit à la porte de l'hôtellerie, sur le devant de laquelle est le Samaritain qui donne deux deniers à l'hôte, recommandant à ses soins le pauvre blessé. Tout-à-fait à la gauche, on voit à une fenêtre un homme coiffé d'un bonnet avec une plume. Sur la droite, vers le fond, on aperçoit un puits, duquel une femme tire de l'eau. On lit au milieu de la marge, qui est au bas de l'estampe : *Rembrandt inventor et fecit* 1633. Ce morceau est un des plus beaux de l'œuvre ; et quelque fini qu'il soit, la pointe y est cependant très-légère. Les belles épreuves en sont fort rares.

Hauteur : 9 pouces. Largeur : 7 pouces 5 lignes.

Il y a quatre épreuves différentes de ce morceau.

Première épreuve. Le cheval a la queue blanche ; le mur d'appui du perron est aussi clair et sans ombre. Rare à trouver de belle conservation.

Seconde épreuve. La queue du cheval est ombrée, et le mur d'appui clair comme dans la première. Elle est la plus rare de toutes.

Troisième épreuve. La queue et le mur ombrés. Sans nom ni année. Assez rare.

Quatrième épreuve. Où l'on voit écrit le nom de Rembrandt avec l'année.

95. Le retour de l'enfant prodigue.

Rembrandt a représenté l'enfant prodigue dans le moment qu'il revient s'accuser de sa faute et implorer la miséricorde de son père. Nu et prosterné à genoux sur les degrés de la maison paternelle, il embrasse, dans une attitude humiliée et suppliante, les genoux de son père qui semble vouloir le relever. On voit au milieu la mère, qui ouvre une fenêtre pour regarder cette scène touchante ; et sur la droite il y a une porte ouverte, d'où sortent deux domestiques, dont un est chargé d'habits pour en revêtir le fils. Au bas des pieds du père est gravé : *Rembrandt f.* 1636. Ce morceau, gravé avec légèreté, est estimé sous le rapport de l'expression.

Hauteur : 5 pouces 10 lignes. Largeur : 5 pouces 1 ligne.

96. La décollation de saint Jean-Baptiste.

Ce morceau ne se trouve jamais beau d'épreuve, l'eau-forte y ayant trop peu mordu. L'exécuteur est placé sur la gauche ; il tient de ses deux mains élevées le sabre, dont il va trancher la tête du saint que l'on voit à genoux, les mains jointes, et tourné vers la droite. Par terre, à côté de lui, est la petite croix avec la banderole ordinaire autour, par laquelle Jean-Baptiste est caractérisé. Il y a dans le fond une multitude de spectateurs, à la tête desquels on distingue Hérode et Mariane, et à côté d'eux un Maure, qui tient un plat prêt à recevoir la tête du saint. Tout-à-fait à la droite est un bâtiment orné de colonnes, au-travers desquelles on voit quelques personnes qui s'avancent pour regarder. On lit au bas de la partie gauche : *Rembrandt f.* 1640. On rencontre quelquefois des épreuves avec les barbes laissées aux ombres sur le devant, et qui sont moins faibles que les épreuves sans barbes.

Hauteur : 4 pouces 8 lignes. Largeur : 3 pouces 10 lignes.

97. Pierre et Jean à la porte du temple.

Ce morceau est d'une riche ordonnance d'architecture, qui occupe toute la partie gauche de l'estampe. Sur la droite et dans l'éloignement se voit une espèce d'amphithéâtre occupé par une grande foule de monde, et au milieu, plusieurs degrés qui conduisent à un autel où se fait un sacrifice. Le sujet est saint Pierre guérissant un paralytique à la porte du temple. On voit deux Juifs sur cette porte, qui est placée sur la gauche de l'estampe. Du même côté, sur le devant, est un pauvre estropié à terre, et vu par le dos. Il implore le secours de saint Pierre, qui est debout devant lui et enveloppé d'un manteau, ayant les bras étendus. Saint Jean est à côté de lui, également vêtu d'un manteau. Ses bas sont ravalés jusqu'à la chaussure au bas de ses jambes. On peut dire que Rembrandt a donné à ces deux apôtres l'apparence de véritables mendians. On lit au bas de l'estampe, sur la pierre où est assis l'estropié : *Rembrandt f.* 1659.

Largeur : 8 pouces. Hauteur : 6 pouces 8 lignes.

Il y a trois épreuves différentes de ce morceau.

Première épreuve. Le manteau de saint Pierre a moins de

plis, et ces plis sont mal formés. Les jambes sont mal dessinées. Extrêmement rare.

Seconde épreuve. Les têtes sont mieux caractérisées; les
plis du manteau de saint Pierre sont mieux formés, et ses
jambes mieux dessinées. Il se trouve beaucoup de barbes dans
cette épreuve, principalement dans toute la partie du fond à
droite. Rare.

Troisième épreuve. Elle est semblable à la seconde, à l'exception de l'ombre du bas de la partie droite de l'estampe,
qui dans cette dernière épreuve occupe presque toute la largeur de cette partie, au lieu que dans les deux autres épreuves, elle est moitié ombrée, moitié claire.

98. Pierre et Jean à la porte du temple.

Ce morceau qui n'est gravé qu'au trait, est de la plus
grande rareté. On y voit sur la droite le paralytique, assis
par terre, deux béquilles à côté de lui. Saint Pierre qui
est debout, étend les deux bras, et saint Jean est à côté dans
une attitude un peu penchée. Sur la droite est une porte, qui
ressemble plus à celle d'une prison qu'à celle d'un temple.
Sur la gauche paraît un morceau d'architecture, et au bas
une porte, au-travers de laquelle on voit deux Juifs à mi-corps
avec leurs manteaux et bonnets. Le caractère de tête de saint
Pierre est fort beau ; et il est à regretter que Rembrandt ne
l'ait pas finie.

Hauteur : 8 pouces 4 lignes. Largeur : 6 pouces 3 lignes.

99. Saint Pierre.

Morceau très-légèrement gravé et presque au trait seul. Il
représente saint Pierre à genoux et vu de face. Il est vêtu
d'une robe large, et il tient une clef à chaque main. La droite
est élevée et appuyée sur un bâton, et la gauche est appuyée
sur un rocher qui est à côté de lui. Au bas vers la droite est

gravé : *Rembrandt f.* 1645. Cette estampe est toujours faible
d'épreuve, l'eau-forte n'ayant presque pas mordu.

Hauteur : 4 pouces 11 lignes. Largeur : 4 pouces 4 lignes.

100. Le martyre de saint Etienne.

La plus grande partie du sujet est portée vers la gauche.
Saint Etienne est à genoux et occupe le milieu de la planche ;
il est revêtu d'une tunique, et un de ses pieds est nu. Au-
dessus de sa tête, on voit un Juif qui, les bras élevés, tient
dans ses mains une grosse pierre pour l'assommer ; à côté, un
autre le tire de la main droite par la tunique, et de la gauche
il tient une pierre qu'il va lui jeter. Sur le devant, tout-à-fait
à la gauche, un autre Juif ramasse une pierre destinée au
même but. Au bas du même côté, on lit dans une petite
bande blanche, qui a été réservée dans la gravure : *Rembrandt f.* 1635. Cette petite estampe est gravée avec soin, et
son effet est brillant.

Hauteur : 3 pouces 6 lignes. Largeur : 3 pouces 2 lignes.

101. Baptême de l'Eunuque.

L'Eunuque de la reine de Candace baptisé par saint Philippe ; il est gravé d'un très-bon goût et d'une taille fine et
légère. On voit sur le devant, un peu vers la droite, l'Eunuque ayant le genou droit en terre, l'autre élevé. Saint
Philippe qui est à côté de lui, le baptise ; derrière lui est un
petit maure qui porte le Manteau et le bonnet de l'Eunuque.
Vers la gauche est un homme à cheval, qui tient une pique
de la main gauche et porte la droite sur la hanche, le coude
en avant. On voit dans le fond le chariot de l'Eunuque, auquel
sont attelés plusieurs chevaux ; un parasol est attaché au haut
de ce même chariot. Au bas de l'estampe à droite est écrit :
Rembrandt, et au-dessous *f.* 1641.

Largeur : 7 pouces 11 lignes. Hauteur : 6 pouces 9 lignes.

Il y a deux épreuves différentes de ce morceau.

Première épreuve. L'eau qui tombe en cascade dans le fond à droite, est presque toute claire. Le fond de la planche est sale, et l'on voit beaucoup d'endroits qui n'ont pas été entièrement ébarbés. Elle est aussi beaucoup plus colorée que l'épreuve ordinaire. Fort rare.

Seconde épreuve. Les parties claires de l'eau qui tombe en cascade dans le fond à droite, sont éteintes par des tailles ; le fond de la planche nettoyé, et les barbes entièrement usées, ce qui rend cette dernière épreuve sèche et les travaux en général fort maigres.

102. La mort de la Vierge.

Ce sujet d'une grande ordonnance est gravé avec beaucoup de légèreté. Sur le devant, à gauche, on voit par le dos une figure habillée à la juive, qui est assise vis-à-vis une table et qui lit dans un grand livre. A une petite distance de cette table, est un patriarche debout, les mains l'une sur l'autre et pendantes devant lui ; il regarde la Vierge qui expire dans un lit à colonnes, à côté duquel, dans le fond, on voit plusieurs personnes qui pleurent, et parmi elles un homme qui relève par-derrière l'oreiller sur lequel repose la tête de la Vierge. Il lui présente un mouchoir sous le nez, tandis qu'un médecin lui tâte le pouls. Sur la droite sont plusieurs femmes, dont les unes prient et les autres se lamentent. On voit une gloire d'anges dans le haut, un peu sur la droite. Au bas vers la gauche est écrit : *Rembrandt f.* 1639.

Hauteur : 14 pouces 8 lignes, non compris la marge du bas qui a 7 lignes de hauteur. Largeur : 11 pouces 8 lignes.

Il y a deux épreuves différentes de ce morceau.

Première épreuve. Le fauteuil qui se voit dans le coin à droite est presque blanc. Dans la marge du bas, vers la droite, sont plusieurs traits de pointe échappés.

Seconde épreuve. Le fauteuil est ombré d'une double taille, qui en décide mieux la forme. Elle est généralement plus travaillée, et l'on découvre beaucoup d'endroits avec des barbes, non-seulement dans les parties ombrées, mais aussi dans les claires, principalement à la partie supérieure du grand livre ouvert placé à gauche, et au milieu de la colonne du lit. Les traits de pointe dans la marge sont effacés. Cette dernière épreuve, avec toutes les barbes, est pour le moins aussi rare que la première. Les épreuves de la planche entièrement ébarbée sont très-communes et de peu de valeur.

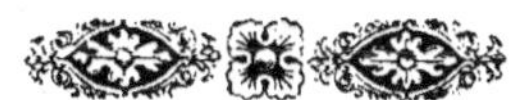

QUATRIÈME CLASSE.

SUJETS PIEUX.

103. Saint Jérôme.

Ce saint est placé au milieu de la planche, dirigé vers la gauche, et assis sur une hauteur, au bas d'un arbre. Le lion que l'on voit de toute sa longueur en travers de l'estampe, est à ses pieds : il marche vers la droite. Dans le coin du même côté il y a une tête de mort, auprès de laquelle est gravée l'année 1634 ; et dans l'autre coin, vers la gauche, on lit sous des hachures : *Rembrandt f.* Cette estampe finie avec soin, est du bon temps de Rembrandt.

Hauteur : 4 pouces. Largeur : 3 pouces 4 lignes.

104. Saint Jérôme.

Morceau gravé légèrement d'une pointe fine et spirituelle, et cintré par le haut. Saint Jérôme occupe le milieu de l'estampe ; il est à genoux et dirigé vers la gauche. Ses mains jointes sont élevées ainsi que sa tête. Au-devant de lui est un grand livre ouvert. Dans le fond de la droite paraît le lion, et au bas du même côté est gravé : *Rembrandt f.* 1632. Le fond ne se trouve jamais bien marqué, l'eau-forte ayant trop peu mordu dans cette partie.

Hauteur : 4 pouces 1 ligne. Largeur : 3 pouces

105. Saint Jérôme.

Ce saint est à genoux et tourné vers la droite ; il a les deux mains jointes et élevées. Le lion est derrière lui, dirigé du même côté. Dans le fond à gauche il y a un livre fermé et un pot à l'eau au-dessus. La gravure dans le fond est mal exprimée. Vers le haut de la droite on lit avec bien de la peine : *Rembrandt*, et au-dessous : *f.* 1634 ou 35, le dernier chiffre n'étant pas bien tracé.

Hauteur : 4 pouces 3 lignes. Largeur : 3 pouces.

106. Saint Jérôme.

Morceau gravé d'un très-bon goût, et dont le fond n'est point achevé. On voit au milieu un gros et grand tronc d'arbre qui s'élève et se sépare en deux par le haut. Il en sort une seule branche qui s'étend vers la droite. Au bas de ce tronc, de l'autre côté, se voit la tête d'un lion. Le saint est assis sur la droite ; il porte des lunettes, et écrit dans un livre placé sur une planche, au bout de laquelle il y a une tête de mort. On lit au-dessous du tronc d'arbre, dans une bande renfermée par un trait en-dedans de la planche : *Rembrandt f.* 1648.

Hauteur : 6 pouces 7 lignes. Largeur : 4 pouces 10 lignes.

Il y a deux épreuves différentes de ce morceau.

Première épreuve. Avant le nom de Rembrandt, et avant les deux traits qui le renferment. Extrêmement rare. Avec beaucoup de barbes.

Seconde épreuve. Avec le nom. Quand elle est ancienne, il s'y trouve également beaucoup de manière noire, et tout aussi brillante que la première : ce qui prouverait que Rembrandt en a fort peu tiré avant le nom.

107. Saint Jérôme.

Morceau qui n'est fini qu'en partie. La disposition du sujet est riche, et tout ce qui est achevé est d'un goût admirable : ce qui fait regretter que Rembrandt n'y ait pas mis la dernière main. La composition approche beaucoup de la manière d'Albert Durer. On voit dans le haut du lointain, vers la droite, un village, qui est la partie la plus finie de l'estampe. Au bas de ce village est une chute d'eau, où il y a un pont, et deux figures qui passent dessus. Du côté gauche est un bouquet d'arbres, et vers le milieu un gros arbre tronqué par le haut. Le reste de l'estampe n'est qu'ébauché, à l'exception de la tête de saint Jérôme qui est assez avancée. Ce saint est assis dans le bas de la gauche, où il lit dans un livre qu'il tient de ses deux mains. Presque toute cette figure n'est qu'au trait. Le lion vu par-derrière est placé vers le milieu de l'estampe, sur le haut d'une butte de terre. Aux premières épreuves de ce morceau, il y a beaucoup de manière noire dans plusieurs endroits, particulièrement sur la tête du lion. Assez rare.

Hauteur : 9 pouces 7 lignes. Largeur : 7 pouces 8 lignes.

108. Saint Jérôme.

Un morceau gravé dans le goût de la manière noire, représentant un homme assis dans une chambre, vis-à-vis d'une table, au devant d'une fenêtre qui est placée sur la droite. Il est coiffé d'une toque ; on aperçoit avec bien de la peine un lion couché au bas de la table, attribut ordinaire de saint Jérôme. Sur la table est un crucifix, dont on ne voit bien distinctement que le haut qui est près de la fenêtre. A gauche on aperçoit un escalier qui est tout-à-fait dans l'obscurité. On lit dans la marge du bas : *Rembrandt f.* 1642.

Largeur : 6 pouces 5 lignes. Hauteur : 5 pouces 7 lignes.

Il y a deux épreuves différentes de ce morceau.

Première épreuve. La partie de la croisée, qui est la plus près de la droite de l'estampe, est moins ouverte, étant à moitié cachée par un rideau, qui descend presque en ligne droite. Cette épreuve est ordinairement si chargée de noir, qu'on ne peut pas distinguer le lion.

Seconde épreuve L'ouverture de la croisée est plus grande, le rideau étant un peu tiré par le bas, et formant une courbe semblable à la lune dans son croissant.

109. Saint Jérôme.

Un grand morceau d'une rareté extrème, qui représente saint Jérôme à genoux, méditant devant une tête de mort. La tête du saint, et presque toute la partie du sujet dans le haut n'est qu'au trait. On n'y voit ni nom ni année; mais il est incontestablement gravé par Rembrandt.

Hauteur : 14 pouces 4 lignes. Largeur : 12 pouces 3 lignes.

110. Saint François à genoux.

Le saint est à genoux, priant les mains jointes sur un livre ouvert, placé sur une pierre au bas d'un arbre. Vis-à-vis du saint est un crucifix élevé entre deux autres grands arbres, qui sont à la gauche de l'estampe; la partie droite n'est qu'ébauchée, on y découvre un autre religieux, vu par le dos, dirigé vers la droite, et priant aussi dans un livre. Il est placé sous une espèce de cahutte couverte de chaume; un de ses bras est en dehors, et appuyé sur une des traverses de cette cahutte. Il y a tout au haut de ce même côté un bâtiment élevé en forme de chapelle, surmontée d'une petite croix. On lit au bas de la droite, dans une petite bande formée d'un trait et renfermée dans l'estampe, en petits caractères : *Rembrandt f.* 1657 ; et un peu plus bas, une seconde fois en gros caractères. Il se trouve beaucoup de manière noire aux anciennes épreuves.

Il y a deux différentes épreuves de ce morceau rare.

Première épreuve, de la plus grande rareté. La figure de saint François n'est point ombrée. L'ombre entre le saint et le gros arbre ne s'y trouve pas, et toute la partie droite de l'estampe est presque en blanc.

Seconde épreuve. Le saint François est ombré, et tout le reste de l'estampe plus fini. Dans cette seconde épreuve, le nom de Rembrandt est gravé une seconde fois en caractères fortement marqués.

CINQUIÈME CLASSE.

SUJETS ALLÉGORIQUES, HISTORIQUES ET DE
FANTAISIE.

---

111. La Jeunesse surprise de la Mort.

IL représente un jeune homme placé à la gauche, et vu de
profil, conduisant par la main une jeune fille vue par-derrière,
coiffée d'un chapeau orné de plumes. Ces deux jeunes gens
se trouvent surpris par la mort, qui sort d'un lieu souterrain,
à la droite de l'estampe. On lit dans la marge à gauche,
Rembrandt, et au dessous, 1639. Ce morceau qui est presque
entièrement gravé à la pointe sèche, n'est pas commun,
surtout avec les barbes, qui ne sont cependant jamais bien
fortes.

Hauteur : 4 pouces y compris la marge du bas. Largeur : 2 pouces 11 lignes.

Il a paru à la vente de feu F. Basan, marchand d'estampes
à Paris, une épreuve avant le nom, laquelle était beaucoup
plus colorée que celles que l'on rencontre ordinairement.
Peut-être unique.

112. Le tombeau allégorique.

Ce morceau, dont le dessin est aussi incorrect que la gra

vure en est négligée, est de la plus grande rareté. Il répresente un tombeau placé sur une espèce de piédestal, et orné d'un écusson surmonté d'une couronne royale. Au-dessus du tombeau sont deux génies ailés qui planent en l'air, et sonnent de la trompette. Ils tiennent par les deux bouts une guirlande de laurier, sur laquelle est élevé un aigle, les ailes déployées. Il est au milieu d'un cercle lumineux qui jette des rayons, et couronne tout le sujet. Au bas du piédestal est la figure d'un homme renversé, vu en raccourci, la tête en avant, et les pieds élevés. Cette figure, dont les cheveux ressemblent à des serpens, paraît représenter l'Envie. A la droite de l'estampe est un paysage, et de ce même côté on aperçoit, au bas du piédestal, une figure qui reçoit sur sa tête un des rayons de la gloire. A la gauche, sont trois autres figures, dont une tient élevé un enfant au maillot, sur qui tombent pareillement plusieurs rayons : dans le fond, de ce côté, il y a plusieurs maisons en perspective. On lit au bas de la droite, tout près du bord du sujet : *Rembrandt f.* 1659. Les premières épreuves ont beaucoup de manière noire.

Largeur : 6 pouces 8 lignes. Hauteur : 6 pouces 7 lignes.

113. La Fortune contraire.

On voit, sur la droite, une barque remplie de monde, sur laquelle est la Fortune, représentée sous la figure d'une femme nue, vue par-derrière ; elle tient le mât de la main gauche, et tire la voile avec la droite. A la gauche, sur le rivage, d'où cette barque semble partir, paraît un héros couronné de lauriers sur un cheval qui s'est abbattu. Il paraît exprimer ses regrets en regardant la Fortune qui s'en va. A une petite distance derrière lui, est un therme colossal avec la tête de Janus, et sur la gauche on aperçoit une multitude de peuples de différens états, dont les uns semblent se plaindre et faire des vœux au Ciel, tandis que les autres montent un escalier pour

entrer dans un temple qui est dans le fond, et paraît être celui de Janus. On lit le nom de *Rembrandt* sur le bord de la
barque, où il est gravé très-faiblement, et l'on n'y distingue
parfaitement que : *f.* 1633. Il n'est pas commun beau d'é-
preuve. Ce morceau se trouve à la page 97, dans un livre
hollandais in-folio, intitulé : *E. Herckmans Zeevaerts Lof.*,
imprimé à Amsterdam en 1634 ; c'est-à-dire : l'éloge de la
marine par E. Herckmans.

Largeur : 6 pouces 1 ligne. Hauteur : 4 pouces 2 lignes.

Il existe des premières épreuves de ce morceau, qui ont
aux environs de 3 lignes de plus dans leur largeur sur la
droite. Elles sont extrêmement rares.

114. La Médée, ou le mariage de Jason et de Créuse.

Estampe en hauteur, qui a été gravée pour être mise à
la tête de la tragédie hollandaise de Médée, composée par le
bourgmestre Six, qui n'était alors que secrétaire de la ville
d'Amsterdam. Elle représente l'intérieur d'un temple orné de
colonnes, et rempli de beaucoup de figures. Sur la droite
paraît la statue de Junon, au-devant de laquelle est un autel
avec du feu, et un pontife qui se prépare à faire un sacrifice à cette déesse. Aux pieds du prêtre sont deux figures à
genoux, qui paraissent être Créuse et Jason. Ce morceau fini
avec soins est d'un bel effet. On lit au bas dans une petite
marge quatre vers hollandais qui commencent par ces mots :
Créus en Jason hier, etc., et vers la droite : *Rembrandt
f.* 1648.

Hauteur : 8 pouces 10 lignes. Largeur : 6 pouces 6 lignes.

Il y a quatre épreuves différentes de ce morceau.

Première épreuve. Extrêmement rare. Junon a la tête

couverte d'un simple petit bonnet. Dans la marge il n'y a ni le nom de Rembrandt, ni les vers hollandais.

Seconde épreuve. Junon a une couronne sur la tête. Elle est également sans les vers et sans le nom de Rembrandt. Fort rare.

Troisième épreuve. Le rideau et la grande colonne qui se voient à droite, sont plus fortement ombrés. Le nom de Rembrandt et les vers écrits dans la marge du bas.

Quatrième épreuve. La marge du bas, sur laquelle étaient les vers, est coupée.

115. L'Étoile des Rois.

Un sujet de nuit appelé l'Étoile des Rois. Cette étoile lumineuse se trouve dans la partie haute de la droite de l'estampe. Elle est attachée à un bâton, et portée par un homme vu par le dos et entouré de plusieurs spectateurs. Les premières épreuves de ce morceau sont fort chargées de manière noire et veloutées; celles dont le noir est cru sont postérieures.

Largeur : 5 pouces 3 lignes. Hauteur : 3 pouces 6 lignes.

116. Chasse aux lions.

Morceau légèrement griffonné. On voit dans le milieu un cheval abattu avec son cavalier renversé en partie sous lui. Au-dessus est un autre cheval cabré, sur lequel est monté un Turc, qui lance un dard sur un lion courant vers la gauche de l'estampe, et poursuivi par deux autres cavaliers, dont l'un lui porte un coup de sabre, et l'autre lui décoche une flèche. Plusieurs autres Turcs à cheval se trouvent à la droite de l'estampe; et un autre encore que l'on ne voit qu'en partie, est sur le devant à gauche. Rare avec les barbes. Au haut de la planche vers la droite est écrit : *Rembrandt f.* 1641.

Largeur : 11 pouces. Hauteur : 8 pouces 3 lignes.

117. Chasse aux lions.

Sur la gauche de cette estampe, un Turc monté sur un cheval cabré, lance un javelot sur un lion. Derrière cet animal paraît une lionne, qui se jette sur un homme renversé par terre pour le déchirer, dont le cheval redressé paraît s'enfuir vers le fond. Ce morceau est comme le précédent gravé d'une pointe très-légère, et fort peu travaillé. Rare avec le fond sale et quelques barbes.

Hauteur : 5 pouces 9 lignes. Largeur : 4 pouces 7 lignes.

118. Autre chasse aux lions.

Morceau faisant pendant du précédent, et gravé dans le même goût. On y voit vers la gauche un cavalier monté sur un cheval abattu, et se défendant avec sa pique contre un lion qui se jette sur lui. Un autre cavalier, qui est au milieu de la planche, lève le bras gauche pour porter un coup de sabre à cet animal.

Hauteur : 5 pouces 10 lignes. Largeur : 4 pouces 4 lignes.

119. Sujet de bataille.

Petit morceau gravé dans le goût des trois précédents. On y voit vers la droite un groupe de Turcs à cheval, qui semblent attaquer des fantassins, que l'on aperçoit à gauche dans un petit éloignement.

Hauteur : 3 pouces 10 lignes. Largeur : 2 pouces 11 lignes.

Il y a trois épreuves différentes de ce morceau.

Première épreuve. Où l'on voit dans le fond comme une espèce de paysage fort griffonné. Extrêmement rare.

Seconde épreuve. Les griffonnements du fond effacés avec la pierre ponce, dont il reste sur la planche une teinte grise dans le goût du lavis. Fort rare.

Troisième épreuve. Avec le fond clair.

120. Trois figures orientales.

On voit à la gauche une maison à la flamande ; un homme couvert d'un bonnet haut et d'un manteau, est en dedans, appuyé sur le bas de la porte qui est fermée. Devant cette porte, il y a trois figures habillées à la manière orientale. Au haut de cette planche, à la droite, est écrit en lettres retournées : *Rembrandt f.* 1641.

Hauteur : 5 pouces 5 lignes. Largeur : 4 pouces 2 lignes.

Il y a deux épreuves différentes de ce morceau.

Première épreuve. L'arbre qui s'élève près de la maison, au-dessus des figures, est moins chargé de feuilles.

Seconde épreuve. L'arbre plus chargé de feuilles.

121. Les musiciens ambulants.

On voit un vielleur accompagné d'un jeune homme, qui joue de la cornemuse ; il tient son chien en laisse vis-à-vis de la porte d'une maison de paysan, au-dedans de laquelle paraissent un homme et une femme, avec un petit enfant entre eux. L'aveugle est placé sur la gauche de l'estampe, et la porte de la maison sur la droite.

Hauteur : 5 pouces 1 ligne. Largeur : 4 pouces 3 lignes.

122. La petite Bohémienne Espagnole.

Sujet tiré d'une histoire espagnole. * On y voit une vieille

---

*Une Bohémienne enleva une princesse espagnole dans un âge tendre, qu'elle éleva cependant avec beaucoup d'attention, quoiqu'elle en fît par la suite sa compagne dans toutes ses caravanes. Elle se garda bien de faire part à cette jeune princesse du rang élevé dans lequel elle était née. Cette Bohémienne passant un jour dans un bois avec elle, un prince, qui y chassait, fut surpris de la beauté de cette jeune fille ;

femme bien caractérisée, habillée en Bohémienne, ayant un bâton à la main ; à côté d'elle est une jeune fille distinguée par la richesse de son habillement. Elles paraissent se promener ensemble dans un bois, et leur marche est dirigée vers la droite. Extrêmement rare.

Hauteur : 4 pouces 11 lignes. Largeur : 4 pouces 2 lignes.

123. Le vendeur de mort-aux-rats.

Un vieillard tient de la main gauche un bâton, au haut duquel est un panier, d'où pendent plusieurs rats. Il a la tête couverte d'un grand bonnet, et porte un petit manteau de fourrure, qui pend derrière son dos, et un sabre à son côté gauche. Il est accompagné d'un petit garçon, qui tient une boîte où il y a de la mort-aux-rats, que ce vieillard distribue à un autre, qui est sur le pas d'une porte, à la gauche de l'estampe, et à côté de laquelle il y a un tronc d'arbre mort et un tonneau. Sur la partie droite, on voit dans le lointain une maison de paysan. Du même côté on lit vers le bas de la planche, en très-petits caractères : *Rt.* 1632. Les deux derniers chiffres sont à rebours.

Hauteur : 5 pouces 2 lignes. Largeur : 4 pouces 7 lignes.

Il y a deux épreuves différentes de ce morceau.

Première épreuve. Il n'y a point de tailles diagonales sur les arbres qui sont à côté de la maison. On ne trouve cette épreuve que très-rarement.

Seconde épreuve. Avec les tailles diagonales sur les arbres.

124. Autre vendeur de mort-aux-rats.

Une pièce extrêmement griffonnée et maculée, représentant

il l'aborda, et en devint éperdument amoureux. Peu de temps après, le hasard lui fit découvrir sa naissance, ce qui l'engagea de la retirer des mains de cette Bohémienne, pour l'épouser.

un marchand de mort-aux-rats. Il est vu de profil, et posé à la gauche regardant vers la droite. Son bras est étendu, et il tient un paquet de sa drogue, qu'il semble présenter à quelqu'un. A côté de lui est un grand bâton fiché en terre, au haut duquel se voit une cage ronde, d'où pendent des rats morts.

Il est possible que Rembrandt ait gravé celui-ci premièrement, et que n'en ayant pas été satisfait, il l'aura effacé et gravé une seconde fois. Quoi qu'il en soit, ce morceau est fort rare.

Hauteur : 4 pouces 7 lignes. Largeur : 3 pouces.

125. Le petit orfèvre.

Dans le fond de la gauche, on voit une forge allumée : et sur le devant un homme qui tient de la main gauche une petite figure, qui représente la Charité, appuyée sur une enclume, pendant que de la main droite il frappe dessus avec un marteau. On lit quoique difficilement au bas de la gauche : *Rembrandt*. Ce petit morceau a été autrefois fort rare ; mais la planche ayant été retrouvée, il tombe aujourd'hui plus facilement sous la main.

Hauteur : 2 pouces 11 lignes. Largeur : 2 pouces 1 ligne.

126. La faiseuse de kouks.

Il y a plusieurs figures, dont la plus remarquable est une vieille femme, vue de profil, placée au milieu de l'estampe et dirigée vers la droite. Elle est assise, et tient de la main droite une poêle, qui est posée sur le feu, et dans laquelle il y a des kouks qu'elle remue de la main gauche. Au milieu du bas, sur le devant, un jeune enfant assis par terre, pleure de la frayeur que lui fait un chien qui veut le mordre. On lit dans la marge du bas au milieu : *Rembrandt f.* 1635.

Hauteur : 4 pouces, y compris la marge. Largeur : 2 pouces 11 lignes.

Il y a deux épreuves différentes de ce morceau.

Première épreuve. Elle n'est, proprement dit, qu'une ébauche très-légère et imparfaite, ne produisant aucun effet. Elle est néanmoins d'une pointe extrêmement fine et spirituelle. On y voit le nom de Rembrandt avec l'année, comme dans les épreuves terminées.

Seconde épreuve. C'est celle qui est décrite, c'est-à-dire, l'épreuve terminée, telle qu'on la rencontre ordinairement.

127. Le jeu du kolf.

Une estampe communément appelée en Hollande le jeu du kolf, qui est une espèce de mail. On voit dans le fond sur la gauche, un homme qui pousse une balle avec le kolf. Sur la droite est un autre homme assis, les mains croisées, ayant une jambe étendue sur un banc, et le coude appuyé sur une table, avec un pot à côté de lui. Plus loin, dans le milieu, paraissent deux autres figures gravées au trait. On lit vers le bas de la gauche : *Rembrandt f.* 1654. Les premières épreuves ont été tirées avec les barbes. Rares.

Largeur : 5 pouces 3 lignes. Hauteur : 3 pouces 7 lignes.

128. Synagogue des Juifs.

On voit sur le devant de la gauche deux vieillards, qui sont les deux principales et plus grandes figures, dont l'un, avec la main gauche appuyée sur un bâton, et la droite placée sur sa poitrine, écoute attentivement l'autre qui lui parle avec action. On aperçoit dans le fond de la droite une partie de temple en perspective, qui paraît être une synagogue, où plusieurs Juifs entrent et sortent et d'autres sont assis. Sur une pierre qui est au-dessus de la tête de l'un des vieillards, on lit avec assez de peine : *Rembrandt f.* 1648.

Largeur : 4 pouces 9 lignes. Hauteur : 2 pouces 8 lignes.

Il y a deux épreuves différentes de ce morceau.

Première épreuve. L'ombre des pieds des Juifs qui se

voient dans le fond à droite, n'est point exprimée tout-à-fait ; au bord de la planche à gauche, le manteau du vieillard beaucoup plus clair. Fort rare.

Seconde épreuve. L'ombre des pieds des figures de droite exprimée ; le manteau du vieillard le plus près du bord de la planche à gauche, plus travaillé.

129. Le maître d'école.

Un petit morceau en hauteur représentant le devant d'une maison, dont la porte est fermée par le bas. On voit une femme en dedans de cette maison, appuyée sur la porte, et à côté d'elle, un petit enfant dont on n'aperçoit que la tête. Sur la gauche paraît un vieillard, entouré de cinq enfants : ce qui a fait appeler ce morceau le maître d'école. On y voit écrit sur la moitié de la porte qui est ouverte : *Rembrandt*, et au-dessous : *f*. 1641.

Hauteur : 3 pouces 6 lignes. Largeur : 2 pouces 3 lignes.

130. Le charlatan.

Très-petit morceau gravé avec esprit et légèreté. Son sujet est un charlatan dirigé vers la droite ; il tient un panier devant lui, d'où il a tiré un paquet de drogues, qu'il montre de la main gauche ; sa main droite est placée sur sa hanche, et au-dessous pendent une gibecière et un sabre ; ses genoux sont pliés. Au bas de ses pieds, on lit en grandes lettres : *Rembrandt f*. 1635.

Hauteur : 2 pouces 10 lignes. Largeur : 1 pouce 4 lignes.

131. Le dessinateur.

Sujet connu sous le nom de Dessinateur. On y voit un jeune homme placé sur la droite, qui tient un cornet de la main gauche, et qui, à la clarté d'une lumière posée dans un chandelier à côté de lui, dessine d'après un buste qui est sur un livre. Le fond est travaillé, et l'on y voit à gauche un piédestal ; à côté est une armoire, sur laquelle sont plusieurs portefeuilles. Ce morceau peu terminé et d'une pointe libre, ne produit pas grand effet.

Hauteur : 3 pouces 6 lignes. Largeur : 2 pouces 5 lignes.

132. Le paysan avec sa femme et son enfant.

Morceau gravé avec assez d'esprit, mais peu fini. Il représente dans le milieu un paysan, qui tient son bâton de la main gauche et un petit garçon de la droite. Derrière lui, tout-à-fait à gauche, paraît une femme, qui n'est gravée qu'au trait ; la figure du paysan est la seule qui soit un peu terminée. Il est couvert d'un chapeau, d'une forme élevée et à très-petits bords, qui lui cache les yeux. Les manches de son habit ou plutôt de son pourpoint sont faites de plusieurs bandes d'étoffes, et il porte un havresac derrière son dos. On aperçoit sur la droite le commencement d'une tête de paysan couverte d'un chapeau. Le fond en est clair dans les épreuves communes, mais il est assez sale dans les anciennes.

Hauteur : 4 pouces 2 lignes. Largeur : 3 pouces 5 lignes.

133. Juif à grand bonnet.

Un Juif dirigé vers la droite. Sa tête est vue de trois quarts, coiffée d'un bonnet fort élevé et d'une largeur égale du haut en bas. Sa main droite est appuyée sur son bâton, et de la gauche il semble montrer quelque chose. On lit au milieu du bas : *Rembrandt f.* 1639. Ce petit morceau est d'une pointe légère et pleine d'esprit.

Hauteur : 3 pouces 1 ligne. Largeur : 1 pouce 8 lignes.

134. La femme aux ognons.

Morceau gravé hardiment et d'une pointe un peu forte. Une vieille est assise vers la droite ; ses regards sont dirigés vers la gauche. Elle a les mains jointes appuyées sur ses genoux ; et ses pieds qui sont nus, posent sur une chaufferette. Une botte d'ognons, qui est pendue au mur et que l'on voit à la gauche, a déterminé le nom qu'on lui a donné. Vers le haut de la droite est gravé : *Rt.* 1631. Cette estampe rare est contestée par bien des connaisseurs.

Hauteur : 4 pouces 6 lignes. Largeur : 3 pouces.

Il y a deux épreuves différentes de ce morceau.

Première épreuve. Elle est beaucoup moins travaillée, surtout dans le haut et dans le bas de la planche. Elle ne porte ni nom ni année. Extrêmement rare.

Seconde épreuve. Plus travaillée et avec le nom et l'année.

135. Paysan, les mains derrière le dos.

Un petit morceau de forme presque carrée, représentant un paysan à mi-corps, dirigé vers la droite, et dont la tête qui est vue de profil est couverte d'un bonnet de matelot. Ses mains sont placées derrière son dos, et un petit pourpoint lui sert d'habit. Le fond en est clair partout. On lit vers le haut de la gauche : *Rt.* 1631.

Hauteur : 2 pouces 2 lignes. Largeur : 1 pouce 10 lignes.

Il y a quatre épreuves différentes de ce morceau.

Première épreuve. A l'eau-forte seulement.

Seconde épreuve. Les ombres légères sur le coude, qui, dans la première épreuve, ne consistent qu'en une seule taille, sont couvertes dans cette seconde d'une double taille.

Troisième épreuve. L'ombre sur le derrière de l'homme, à côté des mains, qui, dans les premières épreuves, n'est large qu'environ de 2 lignes, s'étend dans cette troisième jusqu'à la cuisse, et elle a une largeur de plus de 4 lignes, à mesurer depuis le côté gauche vers la droite ; en outre le nez, pointu dans les épreuves précédentes, est arrondi dans celle-ci.

Quatrième épreuve. La partie du cou, blanche dans les épreuves précédentes, est couverte dans celle-ci d'une taille simple et diagonale.

136. Le joueur de cartes.

Un homme à mi-corps vu presque de face. Sa tête est coiffée d'un bonnet ordinaire, et ses cheveux sont longs et plats. Il est appuyé sur une table, et tient des cartes dans ses mains. Le fond est ombré dans toutes ses parties, et plus foncé dans le haut à droite. On lit avec bien de la peine au milieu de la gauche : *Rembrandt f.*, et au-dessous : 1641.

Hauteur : 3 pouces 5 lignes. Largeur : 3 pouces 1 ligne.

137. Aveugle jouant du violon.

Un aveugle est conduit par son chien. Il dirige ses pas vers la droite. Il joue du violon, et a la tête couverte d'un bonnet de fourrure ; il porte un manteau sur l'épaule gauche. Dans le fond de la gauche, on aperçoit une vieille, prête à entrer dans une maison. Au milieu de la marge du bas est gravé : *Rt.* 1631.

Hauteur : 2 pouces 11 lignes. Largeur : 2 pouces.

Il y a deux épreuves différentes de ce morceau.

Première épreuve. D'une pointe fine, légère et spirituelle. Très-rare.

Seconde épreuve. Retouchée au burin. Plus colorée, mais moins estimée, ayant perdu sa finesse et sa légèreté.

138. Homme à cheval.

Autre petit sujet où se voit un homme à cheval, dirigé vers la gauche, et vu presque par-derrière. Il porte une pique sur son épaule gauche. Au bas du cheval paraît une petite figure, aussi vue par le dos, coiffée d'un bonnet orné d'une

plume. Dans le coin de la droite, vers le haut, est gravé
Rt. en lettres retournées.

Hauteur : 3 pouces. Largeur : 2 pouces 2 lignes.

139. Figure Polonaise.

Un petit morceau de forme presque carrée, gravée d'une
pointe fine et légère, dans lequel on voit un homme vêtu en
Polonais, tourné de profil, et dirigé vers la droite, portant
ses mains jointes au-devant de lui. Il est coiffé d'un bonnet
élevé, et couvert d'un manteau qui ne passe pas le bas de
son dos. Les premières épreuves sont de forme irrégulière, et
les bords de la planche raboteux. Rare.

Hauteur : 1 pouce 11 lignes. Largeur : 1 pouce 10 lignes.

140. Polonais portant sabre et bâton.

Polonais vu de côté et dirigé vers la gauche. Il est couvert
d'un bonnet, sur le devant duquel est attachée une plume
fort longue. Son ceinturon est placé sur son épaule, et son
sabre pend un peu par-derrière. Il porte un petit manteau sur
l'épaule droite, et s'appuie sur son bâton.

Hauteur : 3 pouces. Largeur : 1 pouce 7 lignes.

Il y a deux épreuves différentes de ce morceau.

Première épreuve. Elle est très-légère de travail, et rare.

Seconde épreuve. Plus travaillée, et les ombres y sont bien
plus chargées de tailles, ce qui la rend moins agréable à l'œil.
En outre on voit un trait parallèle avec les deux contours,
qui déterminent le bâton, au lieu que, dans la première
épreuve, ce trait ne se trouve point.

141. Petite figure Polonaise.

Petite figure d'un Polonais, vue de profil, le corps dirigé
vers la droite. Il est coiffé d'un bonnet en forme de turban,

orné d'une plume. Sa main droite est appuyée sur sa hanche, et il tient une canne de la gauche. Au bas est écrit : *Rt.* 1631. De la plus grande rareté. Les bords de la planche en sont raboteux.

Hauteur : 2 pouces 2 lignes. Largeur : 9 lignes.

142. Vieillard vu par le dos.

Un vieillard vu presque par le dos, tourné un peu vers la droite. Sa tête est de profil, et coiffée d'un grand bonnet fourré, ceint d'une bandelette, sous lequel est une calotte, dont l'oreille est pendante sur son épaule. Il est couvert d'une robe fermée par le milieu du corps avec une ceinture, dont une partie pend au-dessous. Ses mains sont jointes, élevées et seulement marquées au trait.

Hauteur : 2 pouces 8 lignes. Largeur : 1 pouce 8 lignes.

Il y a deux épreuves différentes de ce morceau.

Première épreuve. La figure n'est point ombrée par des doubles tailles dans la partie claire du dos. Assez rare.

Seconde épreuve. La partie claire du dos et le bas de la robe sont chargés d'une double taille ; et le collier, qui dans la première épreuve est tout-à-fait blanc, se voit dans la seconde entièrement couvert de hachures.

143. Paysan et paysanne marchant.

On voit dans ce morceau un paysan et une paysanne marchant ensemble, vis-à-vis de la droite de l'estampe. La paysanne porte un petit enfant derrière le dos, et tient de la main droite un bâton, qui l'aide à cheminer. Le paysan est à côté d'elle, un peu en arrière ; il a la tête couverte d'un chapeau, dont les bords sont rabattus, et porte son bâton sous le bras.

Hauteur : 2 pouces 4 lignes. Largeur : 1 pouce 9 lignes.

144. Philosophe en méditation.

Ce morceau qui n'est qu'une ébauche légère, représente un vieillard à grande barbe, qui n'est gravé que jusqu'à la moitié du corps. Il est dirigé vers la droite, et vu presque de profil. Ses mains sont croisées l'une sur l'autre ; il tient de la main droite une plume, et de la gauche un livre posé sur une table, devant laquelle il est assis. A côté de cette table, tout-à-fait au coin de l'estampe à droite, paraît un globe très-faiblement exprimé, dont on ne voit que le quart de la partie d'en haut jusqu'à l'horizon. Assez rare.

Hauteur : 4 pouces 11 lignes. Largeur : 3 pouces 11 lignes.

145. Homme méditant.

Cette estampe gravée dans un goût très-rembruni, représente un homme assis vis-à-vis une table placée à la droite, sur laquelle il y a un livre ouvert. Une lampe attachée au mur, au-dessus du livre, éclaire faiblement tout le sujet. Cet homme est vu de face et coiffé d'une toque ; son bras gauche est appuyé sur la table, et sa main est posée sur son front, dans l'attitude d'un homme qui réfléchit. Sa main droite est sur le bout du bras du fauteuil. L'effet du clair-obscur est fort bien rendu dans cette estampe.

Hauteur : 5 pouces 4 lignes. Largeur : 4 pouces 11 lignes.

Il y a quatre épreuves différentes de ce morceau.

Première épreuve. La lumière de la lampe est plus large, et le sujet fort embrouillé.

Seconde épreuve. La lumière de la lampe est plus petite, et le sujet mieux exprimé.

Troisième épreuve. Le bonnet de l'homme est plus large, et l'épreuve est d'un noir cru.

Quatrième épreuve. La lumière de la lampe est large comme

dans la première épreuve, et le rideau est tout confondu avec le fond, de manière que l'on n'en voit plus les plis.

146. Vieillard homme de lettres.

Un vieillard vu de face, avec une barbe blanche et les cheveux en partie hérissés. Il est assis, et a le corps dirigé vers la droite, d'où vient le jour. Son bras droit est appuyé sur un grand livre ouvert et placé avec d'autres livres sur une table, qui est à la gauche. Il tient une plume de la main droite, et il a la gauche appuyée sur le bras du fauteuil. La robe dont il est vêtu n'est qu'au trait. Dans le fond à gauche, il y a des tailles, qui vont de divers sens. Quoique ce morceau ne soit qu'une ébauche au simple trait, il porte néanmoins un grand caractère. Il est aussi de la dernière rareté.

Hauteur : 8 pouces 9 lignes. Largeur : 7 pouces 5 lignes.

147. Vieillard sans barbe.

Ce vieillard sans barbe, coiffé d'une toque, appuyé par-derrière sur la gauche de l'estampe, le corps courbé et dirigé vers la droite. Ses jambes sont en avant ; il est couvert d'un grand manteau, qui tombe jusqu'à terre. Sa main gauche est élevée, comme s'il voulait prendre quelque chose, et son habit, espèce de pourpoint, est ouvert par le bas. On lit au haut vers la gauche : *Rt.* 1631.

Hauteur : 2 pouces 4 lignes. Largeur : 1 pouce 6 lignes.

Il y a sept épreuves différentes de ce morceau.

Première épreuve. La planche plus grande : elle porte 2 pouces 10 lignes de haut, sur 1 pouce 10 lignes de large. La figure n'est gravée qu'au trait, et le fond peu travaillé.

Seconde épreuve. Même grandeur. La figure est au trait, comme dans la première épreuve ; mais le fond est plus ombré vers le haut de la planche.

Troisième épreuve. La planche plus petite. Le manteau du vieillard n'est ombré qu'au premier pli, et ses jambes le sont vers le haut. Le fond est blanc comme dans toutes les épreuves suivantes.

Quatrième épreuve. La figure est de même, mais plus travaillée. Les jambes sont aussi plus chargées de tailles.

Cinquième épreuve. Les pieds, surtout le droit, sont mieux exprimés.

Sixième épreuve. On voit un pli de plus au manteau, qui est couvert de tailles, et aussi généralement plus travaillé vers le haut de la cuisse. Il y a aussi plus de tailles sur les jambes.

Septième épreuve. Le manteau qui est encore plus travaillé, n'est éclairé que sur le devant. Le pli dessous la main gauche est supprimé.

148. Vieillard à courte barbe.

Cette figure de vieillard, dirigée vers la droite, au haut de laquelle on lit en lettres retournées : *Rt.* La tête est vue de trois quarts, et couverte d'un bonnet à-peu-près de la forme du bonnet carré de nos ecclésiastiques. Il est courbé et accoté contre une élévation de terre placée à la gauche de l'estampe. Ses mains un peu renfermées dans son estomac, sont appuyées sur un bâton qui le soutient.

Hauteur : 4 pouces 2 lignes. Largeur : 2 pouces 11 lignes.

149. Le Persan

Un morceau parfaitement gravé, d'un très-bon goût et d'une finesse de pointe admirable. Il représente un vieillard à grande barbe, coiffé d'un chapeau garni de fourrure et orné d'une plume. Son corps est vu de face et couvert d'un manteau court, dont les bords larges et retroussés sont fourrés. Son habit, garni au bas d'une frange, est ouvert par le haut, et l'on voit une chaîne ou ruban, au bout duquel pend une médaille. Sa main droite qui tient sa canne, sort de dessous son manteau. On lit dans le bas vers le milieu : *Rt.* 1631. Les deux derniers chiffres y sont gravés à rebours.

Hauteur : 4 pouces. Largeur : 2 pouces 11 lignes.

Il y a deux épreuves différentes de ce morceau.

Première épreuve La planche plus large d'environ 3 lignes sur la droite. Elle est généralement moins travaillée, et même assez faible, laissant beaucoup à désirer. De la plus grande rareté.

Seconde épreuve. Rognée à la droite et réduite à la grandeur ordinaire. La figure qui est terminée, se voit ici au milieu de la planche. On peut dire que Rembrandt a parfaitement réussi dans sa retouche ; mais il faut avoir cette estampe belle d'épreuve : ce qui est très-difficile.

150. Aveugle vu par le dos.

Petit morceau très-rare, représentant un vieillard dans l'habillement d'un Juif, dirigé vers la gauche, et vu presque par le dos. Sa tête est coiffée d'un bonnet couvert de fourrure. Il porte des mules aux pieds, et tient de la main gauche un bâton, sur lequel il s'appuie. Il est placé au-devant d'une porte, qu'il tâte de la main droite, dans l'attitude d'un homme aveugle, qui craint de se blesser en se heurtant sur sa route.

Hauteur : 2 pouces 11 lignes. Largeur : 2 pouces.

Il y a trois épreuves différentes de ce morceau.

Première épreuve. La planche plus grande ; elle porte 3 pouces de haut, sur 2 pouces 6 lignes de large. Le fond représente une architecture tracée d'une manière indécise. Cette épreuve est de la dernière rareté.

Seconde épreuve. La planche diminuée. La porte et la figure sont plus claires que dans la suivante.

Troisième épreuve. La porte et la figure plus ombrées, et dans une manière un peu dure.

151. Deux figures Vénitiennes.

Deux figures gravées durement, vues de profil. Elles paraissent marcher vers la gauche, à côté l'une de l'autre. Elles sont enveloppées dans de longs manteaux, et portent sur la tête des bonnets un peu élevés, à la manière des Vénitiens. De la plus grande rareté.

Hauteur : 3 pouces 6 lignes. Largeur : 2 pouces 2 lignes.

152. Médecin tâtant le pouls à un malade.

Une petite pièce extrêmement rare, représentant un médecin vu à mi-corps, qui tâte le pouls à un malade, dont on n'aperçoit que la tête et la moitié du corps par le dos. La figure du médecin est précisément la même, qui se voit dans la mort de la Vierge, et qui est en contre-partie de celle-ci.

Hauteur : 2 pouces 7 lignes. Largeur : 2 pouces.

153. Le Patineur.

Un paysan presque de face, qui court en patins. Il dirige sa marche vers la gauche, ayant le pied gauche élevé. Sa tête est couverte d'un bonnet plat, et il porte sur l'épaule un bâton, qu'il tient dans ses mains. Ce morceau qui est gravé très-légèrement à la pointe sèche, ne se trouve que fort rarement, et toujours assez faible d'épreuve. Il faut l'avoir avec les barbes principalement au pied droit, qui est alors assez poussé au noir.

Hauteur : 2 pouces 3 lignes. Largeur : 2 pouces 2 lignes.

154. Le Cochon.

Ce morceau représente un cochon couché sur le côté et dirigé vers la gauche. Ses pieds sont liés avec des cordes, l'une desquelles, qui tient les pieds de derrière, est attachée à un petit palis, que l'on aperçoit dans le fond, un peu vers la droite. Cet animal dessiné avec une vérité surprenante, est gravé d'une pointe spirituelle et très-terminée. On aperçoit vers le fond à gauche cinq figures; savoir, un enfant, trois jeunes gens, et un vieillard, qui tous, ne sont qu'au trait. On lit au bas de la droite : *Rembrandt f.* 1643. Ce morceau n'est pas commun.

Largeur : 6 pouces 7 lignes. Hauteur : 5 pouces 4 lignes.

Il y a deux épreuves différentes de cette estampe.

Première épreuve. Extrêmement rare. La planche raboteuse sur les bords est un peu grande sur la gauche, tant en hauteur qu'en largeur. Cette épreuve est beauconp plus vive et plus colorée que la suivante.

Seconde épreuve. La planche coupée régulièrement, et rognée à la gauche. Les bords de la planche plus unis.

155. Le petit chien endormi.

Un très-petit morceau assez rare. Il représente un chien endormi, dirigé vers la droite, ayant la tête retournée vers la gauche. Il est gravé d'une pointe très-fine; et comme l'eauforte n'a pas bien mordu, on ne le trouve jamais parfait d'épreuve; la tête surtout est toujours grise et faible.

Largeur: 3 pouces. Hauteur : 1 pouce 6 lignes.

Il y a des épreuves dont la planche est beaucoup plus grande; mais comme les témoins du cuivre étaient coupés dans les deux seules épreuves que j'ai vues, je n'en puis donner les dimensions.

156. La coquille.

Morceau fort rare, connue sous le nom du Damier. Elle paraît être posée à terre, sa pointe dirigée vers la droite, d'où vient le jour. Le fond est gravé d'un ton rembruni. On lit au bas de la marge, vers la gauche : *Rembrandt f.* 1650.

Largeur : 4 pouces 10 lignes. Hauteur : 3 pouces 7 lignes y compris la marge.

Il y a deux épreuves différentes de ce morceau.

Première épreuve. Avec le fond blanc. De la plus grande rareté.

Seconde épreuve. Avec le fond ombré.

SIXIÈME CLASSE.

GUEUX OU MENDIANTS.

---

157. Gueux assis.

Un gueux assis dans un fauteuil, dont on voit le dossier ; il est tourné vers la droite de l'estampe d'où vient le jour, a la tête chauve et peu de barbe, les mains jointes devant lui. Sa robe est légèrement travaillée, et le fauteuil avec son dossier est couvert de tailles ; tout le reste est blanc. Pièce très-rare.

Hauteur : 4 pouces 9 lignes. Largeur : 3 pouces 3 lignes.

158. Un gueux et sa femme.

Morceau d'une grande rareté, qui représente un gueux vu par le dos, sur lequel il porte un panier de mercier, comme les paysans d'Hollande, et tenant de la main droite un long bâton appuyé contre son épaule. A côté de lui est une gueuse vue de face, coiffée d'un bonnet de bergère, et tenant par la main un enfant, qui est à côté d'elle. Tout le sujet se voit sur un fond blanc, et est entouré par le haut et à la droite de l'estampe, d'une espece d'arcade ou grotte mal exprimée avec des traits plus durs que ceux du reste du morceau.

Largeur : 2 pouces 7 lignes. Hauteur : 2 pouces 5 lignes.

159. Gueux debout.

Morceau gravé légèrement et presque au trait, représentant

7

un gueux debout, vu de trois quarts, et coiffé d'un grand bonnet, bordé de fourrure : il est couvert de haillons. Ses deux mains sont appuyées sur un bâton, le corps un peu penché en avant ; le fond est clair, à l'exception d'une petite butte qui se voit au bas de la gauche. Il est sans nom ni année.

Hauteur : 5 pouces 9 lignes. Largeur : 4 pouces 5 lignes.

Il y a deux épreuves différentes de ce morceau.

Première épreuve. La planche irrégulière de forme, et les bords raboteux.

Le fond en est sale, et il se trouve quelques barbes à la gravure.

Seconde épreuve. La planche coupée régulièrement, le fond nettoyé et les bords plus unis.

160. Autre gueux debout.

Un gueux, coiffé d'un bonnet élevé, habillé de haillons, et ceint par le milieu du corps ; il est vu de profil, et dirige ses pas vers la gauche. Il tient un bâton de la main droite. Ce morceau, qui est gravé d'un très-bon goût, est sans nom ni année.

Hauteur : 3 pouces 2 lignes. Largeur : 1 pouce 9 lignes.

161. Gueux et gueuse.

Un petit sujet, représentant deux gueux, un vieux et une vieille. Ils sont placés vis-à-vis l'un de l'autre, dans l'attitude de deux personnes qui parlent ensemble. L'homme est dirigé vers la droite ; il porte sa main droite derrière son dos, et s'appuie de l'autre sur son bâton. La femme au contraire est tournée vers la gauche ; sa tête est penchée, et couverte d'une espèce de bonnet d'homme ; son dos est voûté, ses deux mains sont placées l'une sur l'autre, et appuyées sur son bâton ; elle a le bras gauche passé dans un cabas. Le fond est tout blanc ; au bas de la gauche est gravé : *Rt.* 1630.

Les anciennes épreuves ont le fond et les bords de la planche assez sales.

11 pouces. Largeur : 2 pouces 5 lignes.

162. Deux mendiants, homme et femme, à côté d'une butte.

Deux mendiants, homme et femme, placés à côté d'une butte de terre fort ombrée, que l'on voit à la gauche de l'estampe. L'homme, qui est sur le devant, est coiffé d'un bonnet de fourrure, dessous lequel est un linge en forme de bandeau, dont le bout lui tombe sur l'épaule droite. Sa tête est vue de trois quarts ; sa bouche est ouverte, et son menton est garni de quelques poils de barbe. Il tient son bâton d'une main, et l'autre est appuyée dessus. La femme est vue de profil ; elle a la tête couverte d'un bonnet plat en forme de chapeau, de dessous lequel sort un autre bonnet de toile qui, tombant sur son cou, lui forme une espèce de fraise. Ses mains sont sous son tablier, et l'on voit le bout de son cabas, qui est pendu à son bras. Cette pièce dont le fond est clair, est gravée avec beaucoup d'esprit et de légèreté.

Hauteur : 3 pouces 7 lignes. Largeur : 2 pouces 6 lignes.

Il y a quatre épreuves différentes de ce morceau.

Première épreuve. La planche plus grande, ainsi que le rocher qui est à gauche. On voit au bas de la droite : *Rt.* Cette épreuve porte 4 pouces 3 lignes de haut, sur 3 pouces 1 ligne de large. Extrêmement rare.

Seconde épreuve. Même grandeur, retouchée dans les parties, qui ne sont qu'au trait, et qui sont faibles dans la première. Fort rare.

Troisième épreuve. La planche coupée. La butte d'une autre forme, et plus couverte de tailles. La marque de Rembrandt supprimée.

7.

Il y a des premières épreuves de cette troisième, où la butte est chargée de beaucoup de manière noire; ce sont celles qui ont été tirées avec les barbes laissées sur la planche.

Quatrième épreuve. Le contour de la butte est moins ressenti, ce qui lui donne encore une autre forme. Le côté droit de l'homme, la main gauche qui pend de son manteau, et la joue de la femme sont couverts d'ombres.

163. Gueux dans le goût de Callot.

Un gueux vu de profil, dirigeant ses pas vers la droite. Il est coiffé d'un bonnet élevé, vêtu de haillons, et couvert d'un manteau, qui descend sur ses genoux; sa main droite est hors de son manteau, et posée sur son bâton. Ses genoux sont un peu pliés, et son dos est voûté. Ce morceau est un des plus rares de l'œuvre.

Hauteur : 3 pouces 4 lignes. Largeur : 1 pouce 7 lignes.

Il y a quatre épreuves différentes de cette estampe.

Première épreuve. La planche plus grande; elle porte 3 pouces 7 lignes de haut sur 1 pouce 7 lignes de large. Les ombres ne sont exprimées que par de simples tailles, excepté sur la cuisse droite.

Seconde épreuve. Même hauteur. Les ombres sont exprimées par des hachures qui se croisent : ce qui se voit mieux au bas du manteau et sur le gras de la jambe droite.

Troisième épreuve. La manche pendante, qui, dans les épreuves précédentes, est tout-à-fait blanche, se voit dans celle-ci couverte d'une simple taille.

Quatrième épreuve. Cette manche est couverte d'une double taille, et poussée au noir, de sorte qu'on n'en distingue plus ni la bordure, ni le bout. Le bonnet pointu par le haut du devant dans les trois épreuves précédentes, est tout-à-fait rond dans celle-ci. De plus, la planche est coupée.

164. Gueux à manteau déchiqueté.

Autre gueux gravé pareillement dans le goût de Callot, coiffé d'un bonnet pointu, et couvert d'un manteau déchiqueté par le bas. Il est vu de profil et dirigé vers la gauche, portant un bâton que l'on aperçoit dans le vide du milieu de ses jambes. Le fond est ombré dans la partie gauche, et presque en blanc dans la droite. On lit au bas de la gauche : *Rt.* 1631. Assez rare.

Hauteur : 3 pouces 1 ligne. Largeur : 1 pouce 5 lignes.

Il y a trois épreuves différentes de ce morceau.

Première épreuve. Très-rare. Le visage et la jambe droite tout-à-fait blancs.

Seconde épreuve. Le visage et la jambe droite couverts d'une simple taille.

Troisième épreuve. Le visage et la jambe droite en partie couverts d'une double taille.

165. La femme à la calebasse.

Morceau gravé d'un ton dur, représentant une vieille dirigée vers la gauche. Sa tête est tournée de profil ; son corps qui penche en avant, est vu presque par le dos. Elle est couverte de haillons, et porte une calebasse qui lui pend par-derrière.

Hauteur : 3 pouces 7 lignes. Largeur : 1 pouce 8 lignes.

Il y a deux épreuves différentes de ce morceau.

Première épreuve. La planche de forme irrégulière, et raboteuse sur les bords. Avant les contre-tailles sur l'ombre portée de la figure, qui est aussi moins travaillée, et l'on n'y voit point de ligne tirée horizontalement dans le bas de la planche. Extrêmement rare.

Seconde épreuve. La planche régulière de forme, et les bords unis. La figure, ainsi que son ombre, plus travaillée, et avec une ligne tirée dans toute la largeur du bas de la planche, et y forme une marge.

166. Gueux debout.

Un petit morceau très-rare, représentant un gueux debout, coiffé d'un bonnet bordé de fourrure. Il est vu presque par le dos; son corps est voûté et dirigé vers la gauche. Ses mains sont appuyées vis-à-vis de lui sur un bâton. On lit dans le haut de la droite en petits caractères presque imperceptibles : *Rt.*

Hauteur : 1 pouce 6 lignes. Largeur : 8 lignes.

167. Vieille Mendiante.

Une vieille femme debout, vue de profil et tournée vers la droite. Elle porte sur ses épaules un petit manteau, à-peu-près semblable aux mantelets des dames. Elle tend la main droite comme pour demander l'aumône, et s'appuie de la main gauche sur son bâton. On lit au bas : *Rembrandt f.* 1646. Ce petit morceau est très-bien gravé. Les premières épreuves ont été tirées de la planche irrégulière et assez raboteuse sur les bords.

Hauteur : 3 pouces. Largeur: 2 pouces 4 lignes.

168. Lazarus Klap, ou le Muet.

Ce morceau représente un mendiant muet, tenant une cliquette à la main. Il est vu de profil, et assis sur une motte de terre, le corps dirigé vers la gauche, et ayant son bâton placé entre ses deux jambes; il est coiffé d'un bonnet, qui finit en pointe, et son corps est couvert d'un grand manteau rayé par le bas, et éclairé de la droite; on lit au haut vers la gauche : *Rt.* 1631.

Largeur : 3 pouces 2 lignes. Hauteur : 2 pouces 3 lignes.

Ce morceau gravé d'un ton dur et à grosses tailles, est très-rare.

Il y en a quatre différentes épreuves.

Première épreuve. La planche est plus grande; car elle porte 3 pouces 5 lignes de haut, sur 2 pouces 4 lignes de large. La tête ainsi que le bord du manteau qui est retroussé sur l'épaule gauche, y sont clairs presque entièrement.

Seconde épreuve. Le visage est ombré d'une double taille. Une ombre qui représente un trou dans le manteau vers le coude du bras gauche, est effacée.

Troisième épreuve. La planche réduite à la grandeur ordinaire. Le derrière du cou est ombré, ainsi que le retroussis du manteau. La motte de terre, qui est claire vers le haut dans les deux épreuves précédentes, est entièrement ombrée dans celle-ci.

169. Paysan déguenillé, les mains derrière le dos.

Un paysan vu de face, et tant soit peu dirigé vers la gauche. Il porte un bonnet de la forme d'un béguin, où sont attachés deux rubans, qui pendent sur le haut de sa poitrine de chaque côté. Sa camisole, qui est assez déguenillée, se trouve fermée par le haut d'une agrafe et d'un bouton, et ouverte par le bas. Il a les mains derrière le dos et tient un bâton. Ce morceau est gravé d'une pointe fine, légère et spirituelle.

Hauteur : 3 pouces 5 lignes. Largeur : 2 pouces 7 lignes.

Il y a trois épreuves différentes de ce morceau.

Première épreuve. La planche plus large de 3 lignes sur la droite, où l'on voit un tronc d'arbre; elle est très-légère de travail, et ne se rencontre que fort rarement.

Seconde épreuve. La planche diminuée de toute la partie où était le tronc d'arbre. La figure y est un peu plus travaillée. Le fond de la planche légèrement teinté, et les bords sales.

Troisième épreuve. La planche réduite à 2 pouces 3 lignes de large, la figure plus travaillée, sur la culotte, au bas de la hanche gauche.

170. Gueux assis au bas d'un mur.

Un gueux dirigé vers la droite, dont la tête est vue de trois quarts. Il est coiffé d'un grand bonnet, dont les deux côtés sont longs et rabattus. Un manteau couvre son corps. Il se chauffe les mains sur un chaudron, qu'il porte sur ses genoux. Son bâton passé au travers d'un cabas, est posé à terre à côté de lui. Ce morceau est gravé d'une pointe légère et assez spirituelle. Les premières épreuves se distinguent par l'irrégularité de la planche, qui est raboteuse sur les bords.

Hauteur : 2 pouces 10 lignes. Largeur : 1 pouce 9 lignes.

171. Gueux assis sur une motte de terre.

Ce morceau qui est gravé d'un très-bon goût, d'une pointe fine et spirituelle, représente un gueux assis, dont la physionomie a beaucoup de ressemblance à Rembrandt. Sa tête qui est nue, et garnie de cheveux courts et frisés, est vue de face, et son corps dirigé vers la droite. Sa bouche ouverte et les sourcils froncés, font connaître qu'il gémit sur sa misère. Il est enveloppé d'un vieux haillon en forme de manteau, fermé par-devant avec un petit bouton. On voit le dedans de sa main gauche, qui sort de dessous ce manteau, et qu'il semble tendre pour demander l'aumône. Sa jambe gauche est pliée de façon qu'elle laisse voir une partie du dessous de son soulier. On lit au milieu de la marge du bas : *Rt.* 1630.

Hauteur : 4 pouces 3 lignes. Largeur : 2 pouces 7 lignes.

Il y a deux épreuves différentes de ce morceau.

Première épreuve. Un peu moins travaillée, principalement à l'ombre qui se trouve au bas du dos de la figure. Le fond y est un peu sale, et les bords raboteux.

Seconde épreuve. L'ombre qui se trouve au bas du dos de la figure est retouchée, et les bords de la planche moins marqués. Dans le bas de la gravure, un peu vers la gauche, se trouve écrit : *Rembrandt f.*, indépendamment du monogramme ordinaire.

On prétend qu'il y a une épreuve où la main est couverte du manteau : comme je ne l'ai jamais vue, je ne puis en rien dire de plus.

172. Vieux mendiant assis, accompagné de son chien.

Un morceau assez mal gravé, à grosses tailles, et d'un ton dur, mais d'une extrême rareté. Il représente un vieillard à grande barbe, qui a les cheveux hérissés, et dont la tête vue de trois quarts est nue. Il est assis à la droite de l'estampe, et dirigé vers la gauche. Le manteau dont il est couvert est rapiécété sur le dos; ses pieds sont nus, et ses jambes sont entourées de bandes de linge. Il se chauffe les mains au-dessus d'un pot de terre à anse, placé entre ses deux genoux. On voit un chien à côté de lui, vers la gauche. Au bas du côté opposé est gravé : *Rt.* 1651.

Hauteur : 4 pouces. Largeur : 3 pouces.

173. Mendiants à la porte d'une maison.

Cette estampe qui est une des plus intéressantes et des mieux exécutées de cette classe, représente trois mendiants à la porte d'une maison, qui est placée à la gauche, et sur laquelle paraît un vieillard portant barbe, et coiffé d'un bonnet, qui leur donne l'aumône. Ces trois mendiants sont : un vieillard couvert d'un grand chapeau, une femme qui porte son enfant derrière le dos, tenant un bâton de la main gauche, et tendant la droite pour recevoir l'aumône, que lui fait le vieillard. Le troisième mendiant est un petit garçon vu par le dos, sur le devant de l'estampe, ayant un pot attaché derrière lui à un cordon, qui lui sert de ceinture. Au bas sur la droite est écrit : *Rembrandt f.* 1648. Il se trouve de la manière noire dans les premières épreuves, principalement au bâton que tient la femme, et aux hachures du fond dans le haut vers la droite. Fort rare.

Hauteur : 6 pouces 1 ligne. Largeur : 4 pouces 9 lignes.

Il se trouve, mais très-rarement, des épreuves avant le nom de Rembrandt et l'année.

174. Deux gueux en pendants.

Le premier est dirigé vers la gauche ; sa tête qui est vue de trois quarts, est garnie de cheveux courts, et coiffée d'un petit bonnet. Un ressentiment de douleur est exprimé sur son visage ; il a la main gauche renfermée dans le côté de son habit déguenillé, et l'autre dans son estomac. Dans le lointain, à la gauche, on aperçoit un homme qui porte un bâton sur son épaule. On lit tout haut ces mots hollandais : *This vinnich kout,* c'est-à-dire : *il fait un froid rigoureux.* Au-dessous de ces mots est écrit : *Rembrandt,* et plus bas *f.* 1634.

Hauteur : 4 pouces 1 ligne. Largeur : 1 pouce 7 lignes.

175.

Le second. Un paysan dirigé vers la droite ; sa tête retournée est vue de trois quarts, et couverte d'un bonnet de nuit ; il porte une barbe courte, et sa physionomie est riante. Ses mains sont posées derrière son dos. On aperçoit une petite figure dans le lointain à la droite de l'estampe. Au milieu du haut est écrit : *Dats niet,* qui veut dire : *ce n'est rien,* ce qui sert de réponse à ce que lui dit l'autre. Sur la droite on lit : *Rembrandt,* et plus bas : *f.* 163. Ce dernier chiffre

s'étant trouvé trop près du bord de la planche, il n'y a pas
eu assez de place, pour y mettre le 4.

Hauteur : 4 pouces 1 ligne. Largeur : 1 pouce 5 lignes.

176. Gueux estropié.

Un gueux vu de trois quarts et dirigé un peu vers la droite;
il a la tête couverte d'un bonnet fourré, et le front entouré
d'un espèce de bandeau; son bras gauche est porté par une
écharpe attachée à son cou, et son genou gauche est posé sur
une jambe de bois; il est couvert d'un manteau déguenillé,
et il tient de la main droite un bâton, sur lequel il s'appuie.
Le fond est blanc.

Hauteur : 4 pouces 2 lignes. Largeur : 2 pouces 5 lignes.

Il y a deux épreuves différentes de ce morceau.

Première épreuve. La planche irrégulière de forme, est raboteuse sur les bords. La figure moins travaillée principalement au visage, dont le nez est clair. Très-rare.

Seconde épreuve. Le visage plus ombré par des hachures.
La planche coupée régulièrement, et les bords plus unis. Cette
épreuve n'a pas le brillant de la première.

177. Paysan debout.

Un paysan debout, les bras derrière le dos, un panier à ses
pieds. Petit morceau légèrement gravé.

Hauteur : 2 pouces 2 lignes. Largeur : 1 pouce 4 lignes.

178. Paysanne debout.

Le pendant du précédent, gravé dans le même goût; il représente une femme debout, vue de profil, et dirigée vers la
droite. Elle tient sa main droite devant elle, elle a les pieds nus,
et une bouteille attachée à la cinture. La gauche et le haut de
l'estampe sont légèrement ombrés.

Hauteur : 2 pouces 2 lignes. Largeur : 1 pouce 4 lignes.

179. Gueux griffonné.

Une figure de vieillard dans le caractère de gueux, vu de profil à mi-corps, dirigé vers la droite. Sur la même planche est une autre tête de profil, couverte d'un bonnet élevé par le devant, et ayant à-peu-près la forme d'une mitre, quoique terminé carrément. Ce petit morceau, qui n'est qu'au trait, est d'une grande rareté.

Hauteur : 3 pouces 5 lignes. Largeur : 2 pouces 9 lignes.

180. Mendiants, homme et femme.

Autre morceau de la plus grande rareté, représentant deux mendiants, homme et femme, vus de profil, marchant à côté l'un de l'autre, leurs pas dirigés vers la droite. La femme a la tête couverte d'un bonnet, qui avance sur le devant, et cause une ombre générale sur son visage. Elle a les mains couvertes de son tablier. L'homme a la tête nue.

Hauteur : 3 pouces 9 lignes. Largeur : 2 pouces 10 lignes.

181. Gueux enveloppé dans son manteau.

Un gueux, vu de profil, ses pas dirigés vers la droite. Il a la tête coiffée d'un bonnet élevé, et ses bras sont enveloppés dans son manteau, dont le bas semble orné d'une frange. Au bas du manteau, entre les jambes, on aperçoit un bâton, et à la gauche une espèce de baraque, devant laquelle on voit par le dos une petite figure, et au haut quelques griffonne-menst, qui ressemblent à des arbres. Ce morceau qui n'est gravé qu'au trait assez grossièrement, est extrêmement rare.

Hauteur : 4 pouces 3 lignes. Largeur : 2 pouces 9 lignes.

182. Gueux et gueuse.

Un petit morceau griffonné, extrêmement rare, où se voit un

gueux malade, couché par terre, le dos appuyé contre une butte de terre, placée à la gauche. A côté de lui, un peu dans l'éloignement, est une femme de bout, les mains jointes et posées sur un bâton, avec un petit chien à ses pieds.

Hauteur: 2 pouces 10 lignes. Largeur: 2 pouces 1 ligne.

~~~~~~

SEPTIÈME CLASSE.

SUJETS LIBRES ET FIGURES ACADÉMIQUES.

———

183. Le lit à la française.

Un sujet libre appelé en Hollande *ledikant*, ce qui veut dire un lit à la française, entouré de rideaux de tous côtés. On y voit un homme et une femme dans une posture indécente. Il y a une singularité dans la figure de la femme, qui consiste en ce qu'elle a quatre bras. Rembrandt les avait apparemment faits étendus dans la première idée de la composition de son sujet, et par la suite il les a changés sans avoir effacé les autres. Ce morceau est de la plus grande rareté.

Largeur : 6 pouces 6 lignes. Hauteur : 4 pouces 8 lignes.

Il y a trois épreuves différentes de ce morceau.

Première épreuve. D'une rareté extrême. La planche plus large de 1 pouce 9 lignes, avec une marge de 1 pouce par en-haut, qui est toute blanche.

Seconde épreuve. La marge du haut coupée. On lit au bas de la gauche : *Rembrandt f.* 1646. Les barbes produisent un effet très-vigoureux et velouté dans les premières épreuves de ce second état de la planche. Les épreuves de la planche entièrement ébarbée, sont d'un ton gris et sans effet.

Troisième épreuve. C'est celle qui a été décrite. La planche rognée du côté où se trouvait le nom, et réduite à la grandeur ordinaire. Cette épreuve est toujours grise sans effet.
~~~~~~

184. Le moine dans le blé.

Ce morceau représente une campagne, dans laquelle est une pièce de blé, et au milieu un sujet aussi indécent que le précédent. Il est très-rare, surtout avec les barbes.

Largeur : 2 pouces 5 lignes. Hauteur : 1 pouce 10 lignes.

185. L'espiègle.

Le sujet de ce morceau rare, connu sous le nom de l'espiègle, est une bergère assise au bord d'un bois, dirigée vers la droite, et faisant une couronne de fleurs ; on voit à ses pieds l'espiègle sous la figure d'un berger, couché sur le ventre, et jouant de la flûte ; il a la tête levée, et porte des regards malins vers les jambes de la bergère qui a les jupes un peu relevées. Un hibou est sur son épaule. Vers le milieu du bas on lit : *Rembrandt f.* 1642.

Largeur : 5 pouces 4 lignes. Hauteur : 4 pouces 3 lignes.

Il y a quatre épreuves différentes de ce morceau.

Première épreuve. On y voit dans le haut de l'estampe, vers le milieu, une tête au travers des arbres, à côté de la houlette du berger. La partie du paysage autour du chapeau de la bergère est couverte de travaux ; elle est sans nom ni année. De la plus grande rareté.

Seconde épreuve. La partie du paysage autour du chapeau de la bergère, est claire, c'est-à-dire légèrement feuillée sans hachures. On lit dans le bas le nom de Rembrandt et l'année. Assez rare.

Troisième épreuve. La partie du paysage qui est autour du chapeau de la bergère, s'y trouve éteinte par des hachures, et les herbes ou plantes dans le bas à gauche sur le devant, sont mieux formées.

Quatrième épreuve. On ne voit point de tête dans le haut

des arbres. Le tronc d'arbre, qui est sur le devant à droite, ainsi que son ombre portée, sont beaucoup plus noirs. L'ombre derrière la bergère vers le bord gauche de la planche qui, dans les précédentes, n'est faite que d'une simple taille, est couverte dans celle-ci de plusieurs hachures; les plantes dans le bas encore plus terminées et d'un autre caractère.

186. Le vieillard endormi.

Un petit morceau gravé avec esprit, représentant un vieillard assis, et dormant au pied d'un arbre. Au-dessous de lui, sur le devant vers la gauche, un jeune homme fait d'une main indiscrète quelques tentatives auprès d'une jeune fille qui ne paraît pas trop se défendre. On aperçoit deux vaches dans le fond de ce même côté. Il se trouve quelque peu de barbes aux premières épreuves qui sont d'un ton brillant. Assez rare.

Hauteur: 2 pouces 11 lignes. Largeur: 2 pouces 1 ligne.

187. L'homme qui pisse.

Un paysan à gros ventre est dirigé vers la droite; il porte un paquet sur le dos, et une gibecière au côté. On lit au bas: *Rt.* 1630. Ce morceau gravé avec soin, ne se trouve pas facilement beau d'épreuve avec les bords de la planche tant soit peu raboteux.

Hauteur: 3 pouces 1 ligne. Largeur: 1 pouce 10 lignes.

188. La femme qui pisse.

Une paysanne accroupie au pied d'un arbre, qui est sur la gauche de l'estampe. Par les regards attentifs qu'elle porte autour d'elle, elle semble craindre d'être surprise dans cette attitude. Au bas, dans une petite marge, est écrit: *Rt.* 1631. Les premières épreuves ont le fond sale, et sont très-rares.

Hauteur: 3 pouces. Largeur: 2 pouces 4 lignes.

189. Le dessinateur d'après le modèle.

Il n'y a dans cette estampe que la partie haute qui soit finie, tout le reste de la planche n'est que confusément ébauché au trait. On voit sur la droite de l'estampe une femme nue debout, montée sur une espèce d'escabelle et vue par le dos. Sur la gauche, on distingue un homme assis, qui paraît dessiner d'après cette femme, à côté de laquelle est une grande palme. On aperçoit dans le fond vers la droite un buste de femme placé sur un piédestal, et vers le milieu un tableau sur un chevalet. Il est à regretter que Rembrandt n'ait pas fini ce morceau, dans la manière dont il l'avait commencé.

Hauteur : 8 pouces. Largeur : 6 pouces 8 lignes.

Il y a deux épreuves différentes de ce morceau.

Première épreuve. De la plus grande rareté, où le chevalet est tout-à-fait blanc et toutes les parties du sujet, qui ne sont indiquées qu'au simple trait, fort chargées de barbes.

Seconde épreuve. Le chevalet ombré, et tout ce qui n'est tracé qu'à la pointe sèche, s'y trouve presque entièrement ébarbé.

190. Homme nu, assis.

Figure académique d'un homme nu, assis et vu de face. Ses jambes sont écartées, et ses pieds posent sur une escabelle. Il a les mains entrelacées sur ses genoux, et son air exprime un homme affligé, qui réfléchit sur ses malheurs. On lit au bas de la gauche : *Rembrandt f.* 1646. Aux premières épreuves, il se trouve tant soit peu de barbes dans les travaux du fond vers le haut de l'estampe.

Hauteur : 6 pouces 1 ligne. Largeur : 3 pouces 7 lignes.

191. Figures académiques d'hommes.

On voit à la gauche, sur le devant, un homme assis, ayant

la jambe droite tendue, l'autre retirée. De ce même côté, à une petite distance, est un autre homme représenté debout, s'appuyant du bras droit sur un oreiller, et laissant pendre le gauche ; dans le fond, on aperçoit, presqu'au trait, une cheminée, auprès de laquelle une vieille femme assise s'amuse avec un petit enfant, qui est dans une roulette, ou espèce de chariot dont on se sert pour apprendre aux enfants à marcher.

Hauteur : 7 pouces 3 lignes. Largeur : 4 pouces 8 lignes.

Il y a deux épreuves différentes de ce morceau.

Première épreuve. Moins travaillée, principalement dans les parties ombrées des figures nues, ainsi qu'à l'ombre portée de la figure assise. Assez rare.

Seconde épreuve. Toutes les parties ombrées des figures nues, ainsi que l'ombre portée de celle qui est assise, s'y trouvent plus travaillées et mieux décidées ; elle produit en général un meilleur effet que la première.

192. Les baigneurs.

Un sujet représentant plusieurs personnes qui se baignent. On voit dans le lointain, sur la droite, un homme dans l'eau jusqu'aux genoux, et touchant à ses hardes posées sur le bord de la rivière. Sur le devant, au milieu, est un autre homme, qui paraît sortir de l'eau. Tout près du bord, à la gauche, il y en a un troisième qui est accroupi, vu de face, la tête entre les jambes. Dans le bas de cette estampe, qui est un peu plus qu'au trait, on lit : *Rembrandt f.* 1631. Les premières épreuves ont été tirées avant qu'il ne se formât une tache ronde sur la planche, laquelle paraît, aux épreuves postérieures, dans le haut vers le milieu de l'estampe.

Largeur : 5 pouces 1 ligne. Hauteur : 4 pouces 1 ligne.

193. Académie d'un homme assis à terre.

Un homme nu, assis vers la partie droite de l'estampe, et dirigé vers la gauche. Il est appuyé sur la main gauche ; et la jambe du même côté est tendue. L'autre jambe est levée, et sa main droite est posée sur son genou. On lit au bas, vers la gauche : *Rembrandt f.* 1646. Les premières épreuves, qui sont rares, ont été tirées de la planche non ébarbée.

Largeur : 6 pouces 3 lignes. Hauteur : 3 pouces 7 lignes.

194. La femme devant le poêle.

Une femme assise dans une chambre vers la gauche de l'estampe, et dirigée vers la droite. Elle est découverte jusqu'à la moitié du corps, et son bras droit est appuyé sur sa chemise, qui est descendue jusqu'aux hanches, et qui est placée sur un tabouret à côté d'elle. Sa jambe gauche est nue et posée en travers sur une de ses mules. Il y a dans le fond, à la droite, un poêle surmonté d'un tuyau carré, propre à conduire la fumée dans la cheminée. On lit au milieu de la traverse du tuyau : *Rembrandt f.* 1658.

Hauteur : 8 pouces 5 lignes. Largeur : 6 pouces 10 lignes.

Il y a quatre épreuves différentes de ce morceau.

Première épreuve. D'une grande rareté. La femme a un bonnet sur la tête. La clef attachée au tuyau du poêle, n'est ombrée que d'une seule taille ; et le fond, à la hauteur de la tête de la femme, est moins travaillé.

Seconde épreuve. La clef est plus ombrée, ainsi que le fond à la hauteur de la tête de la femme.

Troisième épreuve. La clef du poêle est supprimée.

Quatrième épreuve. La femme est sans bonnet et coiffée en cheveux. La clef effacée dans la précédente est rétablie.

195. Femme nue assise sur une butte.

Une femme nue très-grasse, dont la tête est vue de face, le corps dirigé vers la droite de l'estampe. Elle est assise sur une élévation de terre couverte d'un drap. Elle s'appuie de son bras droit sur la butte, qui lui sert de siége, et s'accoude de l'autre sur une partie plus élevée de cette même butte, où l'on voit sa chemise. Ce morceau se rencontre difficilement beau d'épreuve.

Hauteur : 6 pouces 6 lignes. Largeur : 5 pouces 11 lignes.

196. Femme au bain.

Une femme âgée et d'une physionomie désagréable, qui paraît être dans un bain. Elle a pour siége une espèce de banc, sur lequel elle porte son bras gauche, ayant la main droite sur ses genoux. Son corps est presque de face, mais sa tête qui est couverte d'un bonnet ou cornette de nuit ordinaire, est vue de profil et penchée vers le bas de la droite. A sa gauche est un chapeau rond. On lit au haut de la gauche, sur une espèce de corniche : *Rembrandt f.* 1658. Assez rare.

Hauteur : 5 pouces 10 lignes. Largeur : 4 pouces 8 lignes.

Il y a deux épreuves différentes de ce morceau.

Première épreuve. Extrèmement rare. Le bonnet de la femme est élevé. Les barbes produisent dans les ombres un effet vigoureux et velouté.

Seconde épreuve. Le bonnet est plat, et les ombres devenues dures et sèches par l'absence des barbes.

197. Femme nue, les pieds dans l'eau.

Ce morceau, qui est gravé tout-à-fait dans le goût du précédent, représente une femme nue baignant ses pieds dans un ruisseau, sur le bord duquel elle est assise au pied de quel-

ques arbres. Son corps est vu presque de face ; sa tête qui
est couverte d'un simple bonnet de nuit, est tournée vers la
gauche. Elle porte ses deux mains sur sa chemise, qui est
sur un oreiller à sa droite. Dans le coin à la gauche du haut,
on lit, quoique avec peine, *Rembrandt*, et au-dessous :
f. 1658.

Hauteur : 6 pouces. Largeur : 3 pouces 11 lignes.

198. Vénus au bain.

Une femme nue qui représente Vénus. Elle est assise au
pied d'un gros arbre entouré de broussailles, sur le bord
d'un ruisseau, dans lequel sont ses jambes jusque vers les
genoux. Sa tête est vue de face, et son corps est dirigé vers la
gauche. Elle s'appuie des deux bras sur une butte de terre,
qui est couverte d'un tapis bordé d'une riche broderie, et
avance les mains vers le carquois de l'Amour. Sa chemise dont
une manche pend presque dans l'eau, est placée sous elle.
On lit au bas de la droite : *Rt. f.* Ce morceau gravé d'une
pointe fine et délicate, est très-difficile à trouver beau
d'épreuve.

Hauteur : 6 pouces 7 lignes. Largeur : 5 pouces 11 lignes.

199. La femme à la flèche.

Une femme vue par le dos, et assise sur un lit entouré de
rideaux. Ses deux jambes sont croisées, et en dehors du lit.
Son bras gauche y est appuyé, le droit est étendu, et de
cette main elle tient une flèche. Sur la gauche au bas du rideau, à la hauteur de son épaule, on aperçoit dans l'ombre
une tête ; et sur le devant du lit du même côté est une chemise pendante, au bas de laquelle on lit assez difficilement :
Rembrand f. 1661. Les premières épreuves sont fort chargées
de barbes.

Hauteur : 7 pouces 7 lignes. Largeur : 4 pouces 7 lignes.

200. Anthiope et Jupiter en satyre.

Une femme couchée sur un lit, la tête vers la gauche de l'estampe. Ses genoux sont pliés, et ses bras, dont le gauche couvre la tête, sont élevés. Derrière elle, vers la droite, paraît un satyre, qui soulève le drap du lit. On voit écrit au milieu sur le bord du lit : *Rembrandt*, et au-dessous : 1659.

Largeur : 7 pouces 7 lignes. Hauteur : 5 pouces 2 lignes.

Il y a deux épreuves différentes de ce morceau.

Première épreuve. Tirée de la planche non ébarbée.

Seconde épreuve. Les barbes entièrement usées, et où on lit vers le haut de la droite l'inscription suivante : *Jupyn, als hy onsluit*, etc.

201 Femme nue dormant.

Elle est couchée sur un lit, sa tête à la droite de l'estampe, et ses pieds à la gauche. Son bras droit est étendu, et sa main est posée au milieu de son corps. Son autre bras, qui est aussi étendu, passe en avant du lit, et la main est pendante. On aperçoit dans le fond un satyre, vu à mi-corps, qui s'appuie de la main droite sur le lit, et de la gauche écarte le rideau. Au milieu du dossier du lit est gravé : *Rt.*

Largeur : 4 pouces. Hauteur : 3 pouces.

Il y a trois épreuves différentes de ce morceau.

Première épreuve. De la dernière rareté, où le drap, qui couvre les jambes de la femme, ne vient que jusqu'au-dessous du genou. La planche est assez irrégulière de forme, et raboteuse sur les bords. Le nom de Rembrandt n'est point gravé sur le dossier du lit.

Seconde épreuve. Il n'y a presque point de différence dans les travaux. On voit le nom sur le dossier. Les bords de la planche sont également irréguliers et raboteux.

Troisième épreuve, où le drap va jusque sur les cuisses. La planche coupée régulièrement, et les bords unis.

202. Négresse couchée.

Une femme couchée sur un lit, vue par-derrière, ayant la tête vers la droite de l'estampe et les pieds à la gauche. Cette figure occupe toute la longueur de la planche; elle est gravée dans une manière très-rembrunie. Au bas de la gauche est écrit : *Rembrandt* 1658.

Largeur : 5 pouces 11 lignes. Hauteur : 3 pouces.

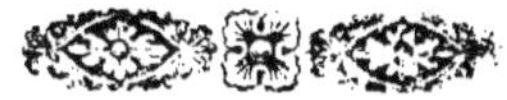

HUITIÈME CLASSE.

PAYSAGES.

203. Le paysage à la vache.

On voit à la gauche une hauteur, au-dessus de laquelle est une vache. Il y a plus loin un homme qui porte une charge sur le dos, et un autre à ses pieds, dont on ne découvre que le haut du corps. Au bas de l'élévation on aperçoit une troisième figure qui marche, et qui est couverte d'une grande robe. La mer forme le lointain avec quelques ruines, qui sont sur le côté. Ce morceau est extrêmement rare.

Largeur : 4 pouces 4 lignes. Hauteur : 2 pouces 3 lignes.

204. Le grand arbre à côté de la maison.

Un petit morceau gravé avec légèreté, d'un ton rembruni, égal et sans effet. On voit sur la gauche une maison, dont la croisée est ouverte, et au-travers de laquelle on aperçoit le haut d'une figure. Un grand arbre s'élève à côté de cette maison. Vers le milieu est un bouquet d'arbres, au pied desquels coule une rivière, et sur la droite il y a quelques montagnes. Rare.

Largeur : 3 pouces. Hauteur : 1 pouce 5 lignes.

205. Le pont de Six.

Ce paysage fait d'après nature à la campagne du bourgmestre Six, est gravé très-légèrement. On voit dans le milieu un petit pont de bois, et à la droite de ce pont deux hommes, appuyés sur le garde-fou, qui conversent ensemble. Au-dessous paraît le canal, sur lequel est une barque, vue presque tout entière, et qui s'étend jusqu'au bord à la droite de l'estampe. Sur le devant à gauche il y a deux arbres à côté du pont, au-travers desquels on distingue le clocher d'un village garni d'arbres; l'horizon est peu élevé. Au bas de la droite on lit : *Rembrandt f.* 1645. Très-rare.

Largeur : 8 pouces 4 lignes. Hauteur : 4 pouces 10 lignes.

206. Vue d'Omval près d'Amsterdam.

Morceau toujours faible d'épreuve, l'eau-forte ayant mordu trop peu. On voit sur la gauche plusieurs arbres, dans l'enfoncement desquels on aperçoit indistinctement une jeune fille assise à côté d'un jeune homme, qui lui met une couronne sur la tête. Au-devant vers le milieu est un grand tronc d'arbre presque mort, peu chargé de branches et de feuilles. Plus loin vers la droite est un paysan, vu par le dos, qui n'est gravé qu'au trait. Il est couvert d'un chapeau à bord plat; son bras gauche pend à son côté. Il regarde un petit bateau couvert, plein de monde, qui passe la rivière, nommée *Amstel,* au-delà de laquelle se présente la vue d'Omval, composée de deux moulins à vent et de quelques maisons. On lit au bas de la droite : *Rembrandt f.* 1645. Il se trouve beaucoup de manière noire dans les premières épreuves, dont le fond de la planche, ainsi que les bords, sont toujours sales. J'ai vu de ces premières épreuves où le nom de Rembrandt était tellement chargé de barbes, que l'on pouvait à peine le lire. Rare.

Largeur : 8 pouces 4 lignes. Hauteur : 6 pouces 10 lignes.

207. Ancienne vue d'Amsterdam.

Paysage gravé d'un très-bon goût, dont le lointain représente la vue d'Amsterdam. On y distingue une grande maison placée au milieu de l'estampe, entre un moulin à vent qui est à la droite, et une tour qui est à la gauche. Il y a sur le devant de la droite un petit canal, qui se rétrécit à mesure qu'il avance dans le fond.

Largeur : 5 pouces 7 lignes. Hauteur : 4 pouces 2 lignes.

208. Le chasseur.

Paysage gravé d'une pointe légère un peu grignotée, mais spirituelle. On y voit dans le lointain quelques montagnes hautes, au bas desquelles paraît un village avec une église, dont le clocher s'élève très-haut au-dessus des maisons. Sur le milieu du devant, dans le grand chemin, marche un chasseur, un long bâton sur l'épaule, accompagné de deux grands chiens de chasse, qu'il paraît tenir en laisse. Tout-à-fait à la droite de l'estampe il y a deux grands arbres élevés et peu feuillés ; et à la gauche sur une hauteur on aperçoit deux petites figures, dont l'une est assise, et l'autre debout.

Largeur : 5 pouces 11 lignes. Hauteur : 4 pouces 9 lignes

Il y a deux épreuves différentes de ce morceau.

Première épreuve. Très-rare. Avant la maison et le grenier à foin qui se voient à gauche sur la hauteur près des deux petites figures. Cette première épreuve a été tirée avec les barbes de la pointe sèche.

Seconde épreuve, où l'on voit cette maison et le grenier à foin : il y reste peu de barbes, ce qui la rend sèche et maigre

209. Paysage aux trois arbres.

Un très-beau paysage où l'on voit sur la droite, placés à distances égales sur une élévation, trois grands arbres, au travers desquels on aperçoit dans le lointain un chariot rempli de monde. Au-devant vers la gauche est le bout d'un canal

qui s'étend sur les deux tiers du bas de la planche, et au-delà
duquel on voit une femme assise au bord, et un homme debout qui pêche à la ligne. Le lointain de ce côté offre la vue
d'une ville, à l'extrémité d'une vaste plaine coupée de canaux.
Le ciel est chargé de nuages obscurs, d'où l'on voit tomber
la pluie. Ce paysage est un des plus beaux et des plus finis
de cette classe ; il est d'un effet très-brillant, et gravé avec
beaucoup de goût. Le nom de Rembrandt est très-peu distinctement marqué sur le bas de la planche, au-dessous des
joncs ; la lettre *f.* et l'année 1643. sont plus visibles. Les
belles épreuves en sont très-rares ; elles se reconnaissent aux
barbes qui se trouvent dans les travaux du ciel, lesquels sont
en partie à la pointe sèche. Extrêmement rare.

Largeur : 10 pouces 4 lignes. Hauteur : 7 pouces 9 lignes.

On m'a assuré qu'il existait une épreuve avant la figure
assise par terre au haut de la digue vers la droite : comme je
ne l'ai pas vue, je n'en puis rien dire de plus, n'en faisant
mention ici que pour fixer l'attention des curieux sur cette
différence, et leur servir dans l'occasion où elle s'offrirait
à leur vue.

210. L'homme au lait.

Joli paysage très-fini et de bon goût. On voit sur la droite
un paysan, qui porte deux seaux de lait attachés à une traverse de bois arrondie par les bouts et échancrée au milieu,
qui se pose derrière le cou sur les deux épaules ; un grand
chien court à ses pieds. Il y a vers le milieu un chemin, au
bout duquel paraît une maison de paysan, et sur la gauche
plusieurs autres maisons entourées d'arbres. Au bas de ce
même côté est un canal, et un bateau dessus, qui est attaché
sur le bord. Il n'est pas commun avec les barbes.

Largeur : 6 pouces 5 lignes. Hauteur : 2 pouces 5 lignes.

Il y a deux épreuves différentes de ce morceau.

Première épreuve. Sans les montagnes au-dessus des maisons qui sont à gauche. Elle est fort chargée de barbes. Extrêmement rare.

Seconde épreuve. Avec ces montagnes, et un peu moins de manière noire.

211. Les deux maisons avec pignon pointu.

On voit sur le devant à la gauche un canal en perspective, et la mer dans le lointain. Au milieu sur le bord de ce canal, il y a deux maisons, dont le toit est élevé, et où l'on voit sur le haut du devant de chacun un grand bâton qui forme une espèce de pyramide. Ces maisons sont entourées d'arbres. Tout-à-fait à la droite il y a un petit chemin, au bout duquel paraît une petite figure par-derrière; et sur le côté, des arbres avec un clocher qui s'élève au-dessus d'un toit.

Largeur : 6 pouces 6 lignes. Hauteur : 2 pouces 1 ligne.

Ce paysage est au nombre des plus rares; il a la singularité, ainsi que le suivant, de ne se trouver presque jamais que lavé à l'encre et au bistre, ce qui donne à l'épreuve l'apparence d'un dessin. On prétend même que Rembrandt ne faisait ces paysages qu'avec l'intention de les vendre comme dessins, et qu'il n'est jamais sorti d'épreuves de ses mains, qu'il ne les ait auparavant lavées lui-même à l'encre et au bistre. Yver fait mention d'une épreuve de ce morceau, laquelle n'a pas été lavée à l'encre de Chine, ni au bistre, et qui se trouvait dans l'œuvre qui appartenait à M. Van Leyden.

212. Le paysage au carrosse.

Autre paysage aussi lavé et terminé de la même manière que le précédent, et presque aussi rare. Un carrosse que l'on y voit dans un grand chemin au milieu de l'estampe, lui a fait donner le nom du paysage au carrosse. Le lointain offre la vue d'une ville, avec deux moulins à vent à côté l'un de l'autre. Dans le bas du côté droit on voit un canal qui tourne ; et sur la gauche, plusieurs maisons de paysans, entourées d'arbres.

Largeur : 6 pouces 7 lignes. Hauteur : 2 pouces 4 lignes.

213. Le paysage à la terrasse.

Un paysage extrêmement rare. Sur le devant est une terrasse, au milieu de laquelle on voit un chemin qui tourne un peu sur la droite, et paraît descendre à l'extrémité de cette terrasse. Sur la gauche, et plus loin, paraît une montagne fort escarpée, au bas de laquelle est une rivière vue de face. Au milieu un bateau couvert paraît le traverser. Dans le lointain est une ville. On aperçoit dans la partie du ciel quelques légers griffonnements d'arbres. Ce morceau est lavé légèrement à l'encre de Chine.

Largeur : 6 pouces 11 lignes. Hauteur : 6 pouces.

214. Le paysage aux trois chaumières.

Paysage cintré par le haut, fini avec soin, et d'un grand effet. C'est la vue d'un village au bord d'un grand chemin, qui est sur la gauche de l'estampe et qui conduit dans le lointain. Trois chaumières principales de ce village, dont les pignons sont très-élevés et se terminent en pointe, sont placées de profil sur la droite. Il y a plusieurs arbres derrière la maison qui est en avant ; et en face de celle du milieu on voit quelques figures de paysans. Sur le devant vers la droite s'élève un grand arbre isolé, avec quelques branches sèches. Au bas de la gauche est écrit : *Rembrandt f.* 1650.

Largeur : 7 pouces 5 lignes. Hauteur : 6 pouces.

Il y a trois épreuves différentes de ce morceau.

Première épreuve. Le devant de la première chaumière n'est ombré que d'une seule taille, ainsi que le toit de la plus

éloignée des trois. On y voit sur le devant du chemin et dans
le bas de l'estampe, en continuant vers la droite, beaucoup
de parties claires. Elle est de la plus grande rareté.

Seconde épreuve. Elle ne diffère de la première qu'en ce
que les parties claires du bas de la planche sont éteintes par
des tailles à la pointe sèche. Très-rare.

Troisième épreuve. Le devant de la première chaumière
est ombré d'une contre-taille ; le toit de la troisième est plus
ombré, et les endroits blancs entre le chemin et les trois
chaumières sont également couverts de tailles légères ajoutées
à la pointe sèche.

Cette estampe terminée à la pointe sèche, sans avoir été
ébarbée, est fort chargée de manière noire, même dans les
premières épreuves tirées du troisième état de la planche.

215. Paysage à la tour carrée.

Ce morceau gravé avec soin et très-fini représente la vue
d'un village, nommé *Randorp*, situé à une très-petite distance
d'Amsterdam. On y aperçoit au milieu une vieille tour carrée,
et depuis le milieu de l'estampe jusqu'au bout de la droite,
une barrière de bois, à côté d'un chemin qui va en montant
vers le lointain. De l'autre côté de ce chemin, on distingue
au milieu de la planche, un peu vers la droite, deux petites
figures assises sur une élévation de terre. Dans le bas de la
droite est écrit : *Rembrandt*, et au-dessous : 1650. Ce morceau
est cintré par le haut, et il ne se trouve pas communément.

Largeur : 5 pouces 9 lignes. Hauteur : 3 pouces 3 lignes.

Il y a deux épreuves différentes de ce morceau.

Première épreuve. Au haut des arbres, qui sont sur la
droite, il se trouve des parties blanches. En général il y a
beaucoup de manière noire. Très-rare.

Seconde épreuve. Ces mêmes parties blanches sont cou-

vertes de tailles légères. On connaît les bonnes épreuves à
la saleté du fond, où il y a même quelques égratignures, et
au brillant velouté de la manière noire.

216. Le paysage au dessinateur.

Paysage gravé d'une pointe légère et spirituelle, sans beaucoup d'effet. On y voit vers la gauche deux chaumières, au
coin d'une desquelles qui est la plus élevée, paraît une char-
rette, et vis-à-vis un tombreau placé derrière un arbre, qui
est à la droite de l'estampe. Plus en avant de ce même côté,
sur une espèce de prairie, qui est toute claire, sont quelques
bestiaux. Tout-à-fait sur le devant à droite, un homme assis à
terre, adossé contre une butte, dessine ce paysage.

Largeur: 7 pouces 9 lignes. Hauteur: 4 pouces 9 lignes.

217. Le berger et sa famille.

Un petit paysage en hauteur, gravé d'un bon goût, et dont
la planche n'a jamais été bien nettoyée : ce qui fait que le
fond en est sale et rempli de traits et égratignures qui traversent la gravure en tous sens. Il est au nombre des rares.
On y voit au milieu du bas, sur le devant, une femme assise
au bord de l'eau; elle tient un enfant sur ses genoux, et vers
la gauche sont plusieurs moutons. Derrière cette femme est
un berger debout qui lui parle, tenant sa houlette de la main
droite, et de l'autre un pot. On aperçoit dans le lointain une
rivière bordée de beaucoup d'arbres, et tout-à-fait dans le
fond un bâtiment au-dessus d'une montagne. Au haut de la
gauche est écrit en caractères très-fins : *Rembrandt*, et au-
dessous : *f.* 1644.

Hauteur : 3 pouces 6 lignes. Largeur : 2 pouces 6 lignes.

218. Le canal.

On voit dans le milieu de l'estampe quelques chaumières

entourées d'arbres, et un canal sur le devant. Il y a vers la droite un grand chemin, et dans le lointain un village, dont on aperçoit l'église. On peut aussi distinguer ce morceau par une barque à la voile, que l'on découvre derrière deux petits arbres vers la gauche. Cette estampe est très-rare.

Largeur : 7 pouces 10 lignes. Hauteur : 2 pouces 11 lignes.

219. Le bouquet de bois.

Autre paysage très-rare gravé entièrement à la pointe sèche. On voit sur la gauche deux grands arbres tracés dans le goût d'une ébauche, et dont celui de derrière ne porte point de branches. A côté est un bois touffu et percé, qui s'étend vers la droite, aux deux tiers de la planche. Au milieu de ce bois paraît une petite baraque plate. La partie du devant, à commencer du bas de la gauche jusqu'à l'extrémité de la droite, est presque toute blanche et sans gravure. Le lointain de la droite n'est gravé qu'au trait. On lit au bas du même côté : *Rembrandt f.* 1652. Ce morceau est un de ceux qui sont le plus chargés de manière noire, laquelle produit dans celui-ci un effet très-piquant.

Largeur : 7 pouces 10 lignes. Hauteur : 4 pouces 7 lignes.

Il y a trois épreuves différentes de ce morceau.

Première épreuve, qui est de la plus grande rareté, n'est qu'un commencement très-légèrement ébauché, où l'on ne distingue que la maison qui est au milieu des arbres, et quelque peu du haut des arbres de la gauche. On n'y voit ni nom ni année. Elle est de la même largeur que l'épreuve ordinaire, mais elle est plus haute de 1 pouce 2 lignes.

Seconde épreuve. Même dimension, et également sans nom ni année. Elle est à-peu-près terminée, et la manière noire y est brillante. Fort rare.

Troisième épreuve. Terminée avec le nom et l'année, et presque autant de manière noire que dans la seconde.

220. Le paysage à la tour.

Paysage peu commun et d'un bel effet. Il représente sur la droite un village garni de beaucoup d'arbres, qui s'étend presque sur toute la largeur de la planche et qui ne laisse vers la gauche qu'une petite ouverture sur le lointain. Le ciel de ce côté est fort chargé de tailles, et clair sur la droite. On aperçoit vers le milieu, en tirant vers la gauche, une porte soutenue par-derrière de deux arcs-boutants, et devant cette porte une petite figure qui est debout. Vers la droite, à côté d'une maison couverte de chaume, on distingue quelques toits, au-dessus desquels s'élève une tour en ruines. Tout le devant de l'estampe est clair et sans aucune espèce de travail.

Largeur : 11 pouces 10 lignes. Hauteur : 4 pouces 7 lignes.

Il y a deux épreuves différentes de ce morceau.

Première épreuve. Extrêmement rare. La tour qui s'élève au-dessus des toits à la droite de l'estampe, est couronnée par un dôme finissant en pointe.

Seconde épreuve. La tour est sans dôme, et paraît être en ruines.

221. La grange à foin.

Un très-joli paysage fini et bien gravé, cintré par le haut. On aperçoit vers la gauche un chemin large, qui conduit à un village, et dans lequel on voit un troupeau de moutons conduit par un berger. Un peu plus loin, tout-à-fait à la gauche, sur une petite hauteur qui est une digue, il y a trois figures, dont une est plus grande que les deux autres, et derrière elles un terrain plat, qui se perd dans le plus grand éloi-

gnement. On voit un peu vers la droite une grange à jour *,
placée entre deux bouquets d'arbres, et sur le devant un pré,
dans lequel on aperçoit un cheval qui se vautre, les jambes en
l'air. On lit dans le bas, au-dessous du troupeau de moutons :
Rembrandt f. 1636. Les bonnes épreuves sont fort chargées
de barbes, autrement dit, manière noire.

Largeur : 6 pouces 5 lignes. Hauteur : 3 pouces 1 ligne.

Il y a trois épreuves différentes de ce morceau.

Première épreuve. Sans le lointain derrière les trois petites
figures qui sont sur le haut de la digue à gauche. Le nom et
l'année s'y trouvent.

Seconde épreuve. Elle ne diffère de la première qu'en ce
que l'on y aperçoit une petite branche qui sort du bouquet
d'arbres placé à la droite de la grange, et il s'y trouve presque
autant de manière noire que dans la première. Très-rare.

Troisième épreuve. Avec le lointain derrière les petites
figures ; cette épreuve n'est jamais si brillante que les précédentes ; Gersaint a fait erreur en disant que le nom de Rembrandt et l'année ne se trouvaient point dans l'épreuve avant
le lointain. Le nom et l'année se voient même dans la première épreuve avant la petite branche, dont Helle et Glomy
ne font pas mention.

222. La chaumière et la grange à foin.

Un paysage parfaitement gravé et très-fini. C'est un des
plus beaux que Rembrandt ait faits. Le milieu est occupé par
une chaumière, derrière laquelle on voit vers la gauche une

---

* Ces granges, dans lesquelles on amasse et garde le foin en Hollande, sont composées de quatre piliers de bois, lesquels supportent
un toit couvert de chaume, qui se hausse ou se baisse, selon qu'elles
sont plus ou moins remplies

grange à foin. Ce grenier est vide, et sert de remise à un chariot. La partie inférieure de la porte de la maison est fermée, et l'on voit une figure dans l'intérieur. Une autre figure paraît à la fenêtre. Une paysanne suivie d'un chien, passe sur un petit pont de planche placés en travers d'un ruisseau, qui coule devant la chaumière. Le lointain à gauche offre la vue d'une ville, et dans celui de la droite on aperçoit une maison de campagne ou château, entourée de beaucoup d'arbres, et située sur le bord d'un lac. Sur le devant de la chaumière on voit, au bord du ruisseau, une avance faite en bois, sur laquelle est placé un paysan, qui pêche à la ligne, et qui a un petit garçon à côté de lui. Tout au bas de la droite, dans le coin, est gravé : *Rembrandt f.*, et au-dessous : 1641. Il se trouve de la manière noire dans plusieurs endroits, aux premières épreuves, savoir : à l'ombre portée par les arbres ou broussailles contre la chaumière, aux hachures qui se voient tout-à-fait à la gauche, à commencer du bord de la planche, au milieu de l'espace qui se trouve entre le lointain et le bas de la planche, ainsi qu'à l'*f.* et à l'année 1641, à la suite du nom de *Rembrandt*.

Largeur : 11 pouces 10 lignes. Hauteur : 4 pouces 10 lignes.

223. La chaumière au grand arbre.

Un paysage à-peu-près dans les mêmes dimensions que le précédent et qui peut lui servir de pendant, quoiqu'il lui soit bien inférieur; il est cependant gravé avec beaucoup de légèreté, mais il manque d'effet. On voit sur le devant, à gauche, un canal, qui s'éloigne dans le fond, en tournant vers la droite. Sur la gauche, au-delà de ce canal, est un grand arbre, qui s'élève jusqu'au haut, et dont on ne voit point l'extrémité. Derrière est une chaumière, sur la porte de laquelle on aperçoit deux enfants dont le plus petit, placé vis-à-vis de l'autre, est baissé et vu par le dos. Le lointain qui est sur la droite, et dont l'horizon est très-bas, offre la vue d'un village, où l'on distingue un grand clocher, et à côté un moulin à vent. A la droite de l'estampe, au-dessous d'un canard qui s'épluche, on lit : *Rembrandt f.* 1641. Aux premières épreuves, il se trouve quelque peu de manière noire dans les parties les plus ombrées.

Largeur : 11 pouces 10 lignes. Hauteur : 4 pouces 8 lignes.

224. L'obélisque.

Très-joli paysage cintré par le haut et bien fini. Il est reconnaissable en ce qu'il y a sur la gauche un piédestal de pierre, qui supporte un obélisque interrompu par le bord supérieur de la planche. Il y a au milieu un village, qui s'étend vers la droite, en s'éloignant dans le fond. Au bas de la maison du devant, laquelle est couverte de chaume, on voit un bât posé sur un banc. Sur le devant de la droite, il y a un chien qui se désaltère au bord d'un canal. Les premières épreuves sont fort chargées de barbes, et ne se trouvent pas communément.

Largeur : 6 pouces. Hauteur : 3 pouces 1 ligne.

225. La barque à la voile.

Très-beau morceau gravé d'une pointe légère et pleine de goût. Il représente sur le devant de la gauche trois maisons de paysan, par-dessus les toits desquelles s'élèvent quelques arbres. On voit une femme, qui dirige ses pas entre les deux premières de ces maisons : elle est suivie d'un chien, qui semble aboyer après elle. A droite est un canal, sur lequel il y a une barque à la voile. Le lointain offre la vue d'un village, dont on aperçoit le clocher presque au milieu de l'estampe, en tirant vers la droite. Ce morceau, mordu légèrement à l'eau-forte, n'est jamais bien vigoureux de ton. Le fond en est très-sale dans les bonnes épreuves.

Largeur : 7 pouces 9 lignes. Hauteur : 5 pouces 2 lignes.

226. Le bouquet d'arbres au bord du chemin.

Paysage fort rare. Il ne se trouve jamais beau d'épreuve, et le fond en est toujours sale. La partie droite y est beaucoup plus achevée que la gauche. Il y a un bouquet d'arbres au bord d'un chemin; un autre grand chemin, vu de face, occupe le milieu de l'estampe, et s'éloigne en tournant vers le fond. Le lointain est si faible, qu'à peine y peut-on distinguer les objets. On voit aussi dans la partie gauche plusieurs petites figures au bas du grand chemin.

Largeur : 7 pouces 7 lignes. Hauteur : 2 pouces 9 lignes.

227. Paysage aux deux allées.

On voit sur la gauche de cette estampe une maison de paysan, couverte de chaume, et dans le milieu une allée d'arbres, accompagnée sur la droite du fond d'une autre allée, au bout de laquelle on aperçoit, dans le plus grand éloignement, une petite figure à cheval. Sur le devant de cette dernière allée marche un homme, vu par le dos, qui porte un bâton sur l'épaule. Ce morceau est fort rare.

Largeur : 7 pouces 7 lignes. Hauteur : 3 pouces 4 lignes.

Il y a deux épreuves différentes de ce morceau.

Première épreuve. Avant que la planche ait été coupée par les deux bouts, et réduite à une largeur de 6 pouces au lieu de 7 pouces 7 lignes.

Seconde épreuve. La planche réduite. Elle est beaucoup moins rare que la première, et moins brillante de ton.

228. L'abreuvoir.

Morceau qui parait n'avoir poin tété achevé. Il représente

une pièce d'eau qui se perd dans une grotte au pied d'une butte. Sur la droite, à côté de cette grotte, il y a un tronc d'arbre, au bas duquel est écrit sur une planche attachée en travers : *Rembrandt* 1645.

Largeur : 4 pouces 11 lignes. Hauteur : 4 pouces 9 lignes.

Il y a deux épreuves différentes de ce morceau.

Première épreuve, extrêmement rare. Le fond de la grotte, qui est à droite, est très-noir, et on y distingue le devant d'un bateau.

Seconde épreuve. Le fond de la grotte a été gratté, et le bateau paraît à peine.

229. La chaumière entourée de planches.

Il y a au milieu de cette estampe, un peu vers la droite, une chaumière accompagnée de chaque côté d'un grand arbre, et entourée d'une palissade. Elle est située au bord d'un canal, sur lequel il y a deux canards. A la droite dans le chemin, est un chariot, et au haut de la digue, qui forme l'horizon, il y a deux grands chiens. Au milieu du bas, assez près du bord, est écrit : *Rembrandt f.*, l'*f* est à peine exprimée.

Largeur : 5 pouces 11 lignes. Hauteur : 4 pouces 10 lignes.

Il y a deux différentes épreuves de ce joli morceau.

Première épreuve, extrêmement rare. La continuation de la digue qui paraît sur la gauche, et qui va en descendant vers ce même côté, y est toute blanche, à l'exception de deux ou trois petits traits.

Seconde épreuve. Cette partie de la digue, éteinte par des hachures faites à la pointe sèche; lesquelles ne sont pas entièrement ébarbées dans les premières épreuves.

230. Le moulin de Rembrandt.

Ce moulin, où l'on prétend que Rembrandt est né, est posé tout-à-fait à la gauche de l'estampe ; les ailes, dont on n'en voit entièrement que trois, sont dirigées du même côté. Auprès de ce moulin, vers le milieu, est une maison basse, de forme carrée, et couverte de tuiles. Il y a sur la droite un petit lointain peu fait, où sur une élévation, qui est probablement une digue, paraissent deux figures. On lit au bas de l'estampe à droite : *Rembrandt f.* 1641. Ce morceau gravé d'une pointe fine et légère, est brillant de ton dans les premières épreuves tirées avec les barbes de la planche. J'ai vu de ces épreuves dont le fond était extrêmement sale et teinté principalement dans le ciel ; et où le nom de Rembrandt, avec l'année, étaient couverts de barbes. Fort rare.

Largeur : 7 pouces 8 lignes. Hauteur : 5 pouces 4 lignes.

231. La campagne du peseur d'or.

Paysage gravé presque entièrement à la pointe sèche, avec intelligence et légèreté, mais peu fait. On voit, tout-à-fait à la gauche, une petite maison, et plus en avant une autre, couverte d'une espèce de dôme, et placée au milieu d'un canal. De ce même côté, dans le plus grand éloignement, est la vue d'un gros village. Un autre village orné de beaucoup d'arbres, situé plus avant, s'étend presque sur toute la largeur de la planche. On y remarque un gros clocher carré, terminé par une flèche, sur laquelle est une girouette. Dans une prairie, au-devant de ce dernier village, paraissent plusieurs petites figures et quelques animaux. On lit au bas de la gauche : *Rembrandt* 1651. Ce morceau est fort estimé quand il s'y trouve beaucoup de manière noire. Les premières épreuves qui en ont été tirées avec toutes les barbes, ont ordinaire-

ment le fond sale; et sont très-difficiles à rencontrer sur papier de soie du Japon.

Largeur: 11 pouces 9 lignes. Hauteur: 4 pouces 5 lignes.

232. Le canal aux cygnes.

Joli paysage, dont les plans sont gradués avec la plus
grande intelligence. On y voit sur le devant un canal, qui
s'étend dans toute la largeur de l'estampe, et sur lequel on
aperçoit à la gauche deux cygnes, et à la droite sur le bord
deux figures assises, dont l'une pêche à la ligne. Au-delà du
canal est une grande prairie, terminée dans le fond par une
montagne, dont la partie la plus élevée occupe le milieu de la
planche, et au bas de laquelle est un village garni de beaucoup d'arbres. On lit au bas de la gauche : *Rembrandt f.*
1650.

Largeur : 4 pouces. Hauteur : 3 pouces.

233. Le paysage au bateau.

Le pendant du précédent, quoique mieux terminé et plus
à effet, au moyen des retouches à la pointe sèche non ébar-
bees. Sur le devant, un canal traverse pareillement toute l'estampe. On voit sur son bord un bateau attaché, qui en occupe toute la longueur. Sur la droite est un grand arbre, qui
s'élève jusqu'au haut de la planche. Le lointain offre la vue
d'un village, garni d'arbres, au-dessus desquels s'élève une
tour carrée au milieu de l'estampe. Vers la gauche est écrit :
Rembrandt f. 1650. Le chiffre 6 y est à rebours. Pour avoir
ce morceau piquant d'effet, il faut qu'il soit des premières
épreuves tirées de la planche non ébarbée, ce qui ne se trouve
pas communément.

Largeur : 4 pouces. Hauteur : 3 pouces.

234. Paysage à la vache qui s'abreuve.

Morceau gravé d'une pointe fine et spirituelle. Sur le devant est un canal, dans lequel s'abreuve une vache placée à la droite de l'estampe. On voit au milieu un bateau, qui paraît attaché au bord de l'eau, et dans lequel est un paysan courbé. De l'autre côté s'élève une montagne, qui tourne vers la droite et qui diminue en hauteur à mesure qu'elle s'éloigne dans le fond. Il y a au pied de cette montagne quelques maisons de paysans accompagnées de plusieurs arbres. Il y a beaucoup de manière noire aux premières épreuves, dont le fond est couvert d'une légère teinte grise. Assez rare.

Largeur : 4 pouces 9 lignes. Hauteur : 3 pouces 10 lignes.

235. Le village à la vieille tour carrée *.

Un paysage très-rare, qui représente un village, au-dessus duquel s'élève une grosse tour carrée. Au bas est écrit : *Rembrandt* 1653. Il est à présumer que l'extrême rareté de cette estampe, provient de ce que la planche aura été perdue avant d'en avoir tiré plusieurs épreuves.

Largeur : 5 pouces 8 lignes. Hauteur : 3 pouces 8 lignes.

236. Le canal à la petite barque.

Paysage extrêmement rare, au milieu duquel est une chau-

---

* Le sentiment de Pierre Yver est que ce paysage est le même que celui qui est décrit au n° 210 du catalogue de Gersaint. La grosse tour carrée, qui est commune aux deux estampes, semble fonder cette opinion ; mais il y a deux différences, qui la contrarient, et qui l'emportent sur elle, savoir : celle des dimensions et celle de l'année, lesquelles prouvent que les deux descriptions ne peuvent se rapporter à la même estampe. Ce morceau faisait partie de l'œuvre de J. Barnard, lequel j'ai remarqué en faisant la même observation que Bartsch.

Voyez le catalogue de la vente des estampes de cet amateur célèbre, dont j'ai déjà parlé.

mière. Il y a sur la gauche une rivière, où se voit la moitié
d'un bateau, et tout-à-fait à la droite s'élèvent deux arbres,
qui sont beaucoup plus hauts que les autres.

Largeur: 6 pouces 9 lignes. Hauteur: 6 pouces 2 lignes.

Il y a deux épreuves différentes de ce morceau.

Première épreuve. Elle a deux lignes de plus sur la largeur, et moins finie, principalement au sommet de la montagne, qui se voit à la droite, et en partie derrière la chaumière, de même qu'au-dessus du bateau qui est à la gauche.

Seconde épreuve. Moins large de deux lignes, et plus travaillée au sommet de la montagne qui se voit à la droite, et
en partie derrière la chaumière, où il y a des tailles, ainsi
qu'au-dessus du bateau, qui se trouve à la gauche.

237. Le petit homme.

Paysage d'une extrême rareté, représentant vers le milieu,
tirant sur la droite, un petit homme, et dans l'éloignement
deux moulins à vent et un clocher.

Largeur: 7 pouces 6 lignes. Hauteur: 2 pouces 10 lignes.

238. Le grand arbre.

Un paysage en hauteur d'une rareté extrême. On y voit
au milieu un grand arbre, dont le feuillé est traité d'une manière très-griffonnée, et fort chargée de noir. Au-devant de
l'arbre, en tirant sur la droite, se voient deux figures, homme
et femme, à moitié ébauchées, marchant à côté l'une de
l'autre. Dans le fond sur la gauche paraît une maison à travers quelques arbres. Le bas de ce paysage n'est point achevé.

Hauteur: 6 pouces. Largeur: 4 pouces 9 lignes.

239. Le paysage à la barrière blanche.

Autre paysage d'une grande rareté. On y voit une espèce

de ferme, cachée par des arbres, et entourée d'une barrière de bois, dont les planches sont taillées en pointe par leur extrémité. A la porte de cette ferme paraît une figure en dedans, appuyée sur le bas de cette porte. A la droite est un canal avec un pont de planches, et vis-à-vis de ce pont un moulin à vent, dont on n'aperçoit que la moitié. Dans l'éloignement on voit un grand chemin, au milieu duquel paraissent trois figures, dont deux debout, et une assise, légèrement griffonnée. Le fond est extrèmement faible.

Largeur : 6 pouces. Hauteur : 3 pouces 4 lignes.

Il y a deux épreuves différentes de ce morceau.

Première épreuve. Où l'on ne voit point la porte de la ferme, et la femme appuyée dessus.

Seconde épreuve. Où la porte et la femme se trouvent.

240. Le pêcheur dans une barque.

Paysage extrèmement rare, sur le devant duquel se voit une rivière avec deux barques à la voile. A la gauche de l'estampe paraît le derrière d'une barque, sur laquelle est assis un homme qui pêche. Dans le fond, à l'autre bord de la rivière, est un village, au milieu duquel paraît un moulin à vent fort élevé. Le ciel de ce paysage est sale, comme s'il avait été lavé à l'encre de Chine.

Largeur : 5 pouces 2 lignes. Hauteur : 4 pouces 2 lignes.

241. Le paysage au canal.

Morceau de la plus grande rareté, gravé avec vitesse. On y voit un canal qui le traverse diagonalement du coin de la droite à l'éloignement de la gauche. Au bord de ce canal, et vers le milieu de la planche, est une figure assise, vue par le dos, qui paraît pêcher. A côté de cette figure on remarque

une place d'environ un pouce, qui semble effacée, l'eau-forte
n'ayant pas mordu dans cet endroit. Au-delà du canal on voit,
au milieu de l'estampe, une église avec un clocher, et à côté,
en tirant vers la droite, un bouquet d'arbres. Dans le lointain,
de ce côté, on aperçoit un village, dans le milieu duquel est
un clocher pointu.

Largeur : 6 pouces 10 lignes. Hauteur : 3 pouces.

242. La maison basse sur le bord d'un canal.

Paysage vers le milieu duquel se voit une maison assez
basse, construite sur le bord d'un canal. Au-dessus de son
toit s'élève le pignon d'une autre maison qui est derrière, et
qui se termine en pointe; à côté de ces maisons, sur la droite,
il y a plusieurs arbres, et une barrière de planches. Un chemin qui commence au milieu de l'estampe, s'éloigne en tirant
vers la droite, et passe devant les arbres. Sur la gauche est
un lointain, où se distinguent deux petits moulins à vent et
un clocher. Extrêmement rare.

Largeur : 7 pouces 7 lignes. Hauteur : 2 pouces 11 lignes, à la droite
et à la gauche : 2 pouces 9 lignes.

243. Le pont de bois.

On voit vers le milieu de ce morceau une maison de campagne à deux étages, qui a trois cheminées sortant du toit,
et dont le pignon se termine en pointe. A côté de cette maison,
en tirant vers la droite, est un moulin à vent fort élevé, et
une rivière avec un bateau qui va à la voile. Au coin de la
gauche paraît une chaumière dont on n'aperçoit que la moitié, et au-devant de laquelle on voit une porte soutenue par
deux arcs-boutants, et placée sur un pont de bois qui traverse
un endroit marécageux, en conduisant jusqu'au plan du milieu, où est située la maison à deux étages, dont on a déjà

fait mention. Il y a sur le devant, à droite, le bout d'un canal, dont les bords sont revètus de charpenterie. Extrêmement rare.

Largeur : 7 pouces 8 lignes. Hauteur : 2 pouces 10 lignes.

244. Le paysage aux palissades.

On voit vers la droite de cette estampe, un canal en perspective, et vers le milieu, un grand arbre, dont l'image se reproduit dans l'eau, et qui surpasse tous les autres en hauteur. A côté de cet arbre, est une grande chaumière, vue de profil, devant laquelle il y a des arbres qui sont clairs ; derrière la chaumière, vers la gauche, est une grange à foin aussi entourée d'arbres. Le lointain de ce côté offre la vue d'un village, où l'on distingue deux moulins à vent. Sur la droite paraît une palissade, placée le long d'un grand chemin, qui côtoie le canal, et conduit dans le lointain à quelques maisons garnies d'arbres. On lit au haut de la droite : 1659. Ce morceau est au nombre des plus rares.

Largeur : 7 pouces 6 lignes. Hauteur : 2 pouces 9 lignes.

245. La grange remplie de foin.

Un paysage qui ne fait pas grand effet, parce que l'eau-forte ne paraît pas avoir assez mordu. On y voit vers le milieu une grange remplie de foin, joignant une maison de paysan, devant la porte de laquelle il y a une barrière, qui passe le long de la maison, et un bouquet d'arbres touffu : plus loin, on aperçoit quatre arbres élevés. Le reste à la droite de la planche a manqué. Au bas se présente un canal, vers le milieu duquel il y a quelques joncs et une petite barque attachée à une perche fichée dans l'eau. Morceau extrêmement rare.

Largeur 5 pouces 8 lignes. Hauteur : 3 pouces 8 lignes.

246. Maison de paysan avec une cheminée carrée.

Paysage de beaucoup d'effet. On y voit sur le devant un canal, dans un coin duquel, à la droite, est une barque de pêcheur placée contre un pieu. Le pêcheur qui se penche en avant, est vu de trois quarts. Sur le derrière est une grande maison de paysan, avec une cheminée carrée, qui sort du milieu du toit. Cette maison a une porte à la hollandaise, dont la moitié supérieure est ouverte. Derrière la maison paraît le haut d'une grange à foin, et à côté on voit quelques arbres d'un feuillage épais. Dans le fond, sur la gauche, on distingue une autre maison et grange à foin, avec plusieurs arbres, et dans le plus profond lointain on aperçoit, quoique avec peine, deux moulins à vent. Morceau de la plus grande rareté.

Largeur : 6 pouces 6 lignes. Hauteur : 2 pouces 9 lignes.

247. La maison aux trois cheminées.

Morceau assez rare, gravé d'une taille grossière et sans goût. On y voit sur la droite une grande maison de bois avec trois cheminées, dont l'une est au bout du pignon, les deux autres vers le bas du toit. A côté de cette maison, en tirant vers le fond, sont deux ou trois petites baraques entourées d'arbres, au pied desquels passe une rivière, sur laquelle on voit, vers le devant à droite, un petit pont de planches. Au-delà de la rivière, dans le lointain à la gauche, on aperçoit un village, où l'on distingue un clocher pointu. Le ciel est clair, à l'exception de deux bandes d'oiseaux qui volent au milieu. Ce morceau ne me paraît pas être de la main de Rembrandt.

Largeur : 6 pouces. Hauteur : 3 pouces 3 lignes.

248. Le chariot à foin.

Paysage où l'on voit à la gauche un paysan, qui tire de l'eau d'un puits, derrière lequel s'élève un arbre de haute futaie. A côté du puits on aperçoit une montagne, et le toit d'un grenier à foin ; devant la montagne il y a deux troncs d'arbres et un chariot chargé de foin.

Largeur : 4 pouces 11 lignes. Hauteur : 2 pouces 6 lignes.

249. Le château.

Paysage, où l'on voit un château avec huit tours qui finissent en pointe. Dans le fond on aperçoit quelques montagnes, et à gauche un arbre qui monte jusqu'au haut de la planche. Morceau, quoique rare, me paraît suspect.

Largeur : 3 pouces 9 lignes. Hauteur : 2 pouces 11 lignes.

250. Le taureau.

Morceau de la dernière rareté, et qui est incontestablement de la main de Rembrandt. On voit dans le fond plusieurs arbres, ainsi qu'un gros tronc, au-devant duquel est un taureau attaché par une corde. On lit dans le bas de la droite : *Rembrandt f.*

Largeur : 3 pouces 11 lignes. Hauteur : 2 pouces 9 lignes.

251. La rue du village.

Autre paysage d'une rareté extrême. On y voit sur la droite deux maisons à plusieurs étages et à pignons pointus, qui sont placées à côté l'une de l'autre. Au-dessus du toit d'une de ces maisons s'élève une petite tour ronde, et derrière cette tour on voit le toit d'une troisième maison plus haute encore

que les deux premières. Du côté de la première maison est
une touffe d'arbres, et devant la porte sont deux autres arbres. Vers le milieu de la planche quelques chaumières semblent former le bout d'une rue, qui se voit en perspective,
et conduit en droiture dans le fond : une autre rue très-large
est à la gauche de l'estampe, au milieu des deux rangs de maisons ornées d'arbres, que l'on ne distingue que confusément.

Largeur : 5 pouces 8 lignes. Hauteur : 3 pouces (environ) *.

252. Le paysage non fini.

Ce paysage qui est de la dernière rareté, représente une
partie d'un village, avec cinq chaumières, dont il n'y en a
qu'une qui soit ombrée et finie, c'est-à-dire celle à la droite
de l'estampe, les autres n'étant gravées qu'au trait. Sur le devant de cette maison finie, l'on distingue une porte, et une
petite figure placée en dedans. A côté de la porte est une fenêtre, et encore un peu plus vers la droite on aperçoit une
barrière. Au haut du coin à droite est l'année 1659, dont les
deux derniers chiffres sont à rebours. Au milieu du bas vers
la gauche, se voit un monogramme composé des lettres qui
forment le nom de Paul van Ryn.

Largeur : 6 pouces. Hauteur : 3 pouces 4 lignes.

253. Le paysage au canal.

Un morceau de la plus grande rareté. Il représente un canal
très-large, qui occupe toute la longueur de la planche, en
s'éloignant vers la gauche dans le lointain. Sur le bord en-
deçà dont on voit une partie sur le devant à gauche, et qui est

---

* L'épreuve dont Barstch donne la description étant rognée par le
haut, il n'a pu en déterminer exactement la hauteur. Quant à moi, je
n'en peux rien dire de plus, n'ayant jamais vu cette estampe.

garni de joncs au milieu de l'estampe, on aperçoit deux hommes, dont un pêche à la ligne, et un peu plus à la gauche un paysan vu par le dos, portant deux seaux de lait. De l'autre côté, sur le bord, est un groupe de quelques jolies maisons; au bas de la plus grande on voit une barque à la voile. Le reste de ce bord jusqu'au lointain est orné de plusieurs autres maisons entre-mêlées d'arbres.

Largeur : 7 pouces 7 lignes. Hauteur : 2 pouces 11 lignes.

NEUVIÈME CLASSE.

PORTRAITS D'HOMMES.

254. Homme sous une treille.

Portrait d'un homme a mi-corps, dirigé vers la gauche et vu presque de face. Il porte une barbe courte, et a la tête couverte d'une toque. Il est placé sous une espèce de treille, il a sa main gauche sur une table, qui est devant lui, et de la droite il semble montrer quelque chose. Vers le haut de l'estampe a gauche est gravé : *Rembrandt f.* 1642. Ce morceau gravé d'une pointe fine et légère ne se trouve pas communément.

Hauteur : 2 pouces 8 lignes. Largeur : 2 pouces 1 ligne.

255. Jeune homme assis.

Il est vu jusqu'aux genoux. Sa tête presque de face est dirigée vers la droite, et coiffée du bonnet ordinaire. Il a le corps un peu tourné vers la gauche, et couvert d'une espèce de casaquin. Il a une gibecière à sa gauche, et autour du cou un mouchoir, dont les deux bouts pendent fort bas par-devant. Sa main droite est posée sur sa cuisse, et la gauche sur sa poitrine. Au haut de la gauche est l'année 1650. Cette estampe, quoique assez rare, ne me paraît pas être de la main de Rembrandt.

Hauteur : 2 pouces 10 lignes. Largeur : 2 pouces 6 lignes.

256. Vieillard portant la main à son bonnet.

Le portrait d'un vieillard à grande barbe blanche. Sa tête est vue de face, et couverte du bonnet ordinaire, qui est placé un peu de côté. Il a la main gauche devant le front. Tout le reste n'est que faiblement indiqué par quelques traits fins.

Hauteur : 5 pouces 1 ligne. Largeur : 4 pouces 3 lignes.

Il y a trois épreuves différentes de ce morceau.

Première épreuve. Tirée avec toutes les barbes, principalement aux traits, qui ne font qu'indiquer le vêtement du portrait et le fond; lesquels se trouvent ici fort chargés de manière noire. Elle est extrêmement rare.

Seconde épreuve de la planche ébarbée dans le fond. Il reste encore tant soit peu de manière noire aux bonnes épreuves, surtout dans les parties les plus ombrées du portrait.

Troisième épreuve. Entièrement achevée par George-Frédéric Schmidt de Berlin, d'après le dessin de Le Sueur. On voit actuellement le vieillard debout jusqu'aux genoux et de face. Il est ajusté d'une longue pelisse, ouverte par-devant, avec une écharpe, et il porte au cou une chaîne d'or avec une médaille. Il pose la main droite sur une feuille de papier, placée sur une table, où l'on voit le buste d'Homère et quelques livres. Derrière la table est une croisée, par où le jour entre. Le fond offre une bibliothèque. Schmidt a fort bien exécuté cette pièce, dans une manière qui approche assez celle de Rembrandt ; mais comme il n'en a fait tirer qu'environ 5o épreuves, elles sont extrêmement rares et très-recherchées par les amateurs. L'estampe ne porte ni le nom de l'artiste ni l'année (qui est celle de 1770.)

257. Vieillard à grande barbe.

Buste d'un vieillard vu presque de face. Il a la tête nue et les cheveux hérissés sur le sommet. Il paraît assis et regarde en bas. Son corps, dont le devant n'est presque pas marqué, est dirigé vers la droite, où l'on remarque vers le bas le monogramme : *Rt.*, gravé très-finement. Ce morceau est d'une exécution spirituelle et brillante.

Hauteur : 4 pouces 5 lignes. Largeur : 3 pouces 10 lignes.

Il y en a deux sortes d'épreuves.

Première épreuve. La planche plus large ; elle porte 4 pouces 4 lignes. On y lit l'année 1631 à côté de *Rt.*

Seconde épreuve. La planche rétrécie et plus travaillée. L'année ne s'y trouve plus, la partie où elle était écrite ayant été coupée.

258. Homme avec chaîne et croix.

Un portrait d'homme, dont la tête vue de trois quarts, dirigée vers la gauche, est garnie de grands cheveux plats, et couverte d'une calotte. Il porte au cou une chaîne, au bas de laquelle pend une croix. Son bras droit est entouré de son manteau ; sa main gauche est appuyée sur un livre, et de l'autre il tient une plume. Dans une marge au bas de l'estampe, on lit vers la gauche : *Rembrandt f.* 1641.

Hauteur : 5 pouces 8 lignes. Largeur : 3 pouces 9 lignes.

Il y a trois épreuves différentes de ce morceau.

Première épreuve, qui diffère de la seconde en ce que la figure a le cou nu, et que l'on n'y voit pas le col de la chemise. Tout le sujet est généralement moins travaillé. Cette épreuve ne se rencontre que très-rarement.

Seconde épreuve. Avec le col de la chemise, et plus travaillée.

Troisième épreuve. Elle diffère de la seconde, en ce que

les travaux du fond sont prolongés jusqu'au bord supérieur
de la planche.

259. Vieillard à grande barbe et bonnet fourré.

Il est vu de face et à mi-corps. Sa tête est couverte d'un
bonnet de fourrure. Il est enveloppé d'un grand manteau de
velours, et assis dans un fauteuil, sur un des bras duquel il
appuie son coude droit. Au milieu vers la gauche est écrit
Rt. f.

Hauteur : 5 pouces 6 lignes. Largeur : 4 pouces 9 lignes.

Il y a deux différentes épreuves de ce morceau.

Première épreuve Les ombres du visage et du bonnet y
sont trop claires. Elle est généralement moins travaillée, et le
monogramme beaucoup plus finement gravé. Assez rare.

Seconde épreuve. Les parties claires dans l'ombre du visage
sont éteintes, et en général plus travaillée. Cette seconde
épreuve où le monogramme est plus fortement marqué, ne se
trouve jamais aussi vive que la première.

260. Homme à barbe courte et bonnet fourré.

Un homme à mi-corps, vu de face, d'une physionomie
agréable. Il est dirigé vers la droite, la barbe courte et frisée,
la tête coiffée d'un bonnet fourré. Il est couvert d'un manteau brodé. Le fond est clair, à l'exception d'une ombre placée à la gauche derrière son dos. On lit avec bien de la peine
vers le haut de la gauche : *Rt.* 1631.

Hauteur : 5 pouces 6 lignes. Largeur : 4 pouces 7 lignes.

Il y a quatre épreuves différentes de ce morceau.

Première épreuve. La planche plus large de 2 lignes. On
aperçoit une main, et le monogramme ainsi que l'année ne
s'y voient point. Elle est de la plus grande rareté.

Seconde épreuve, avec la main également et même dimension. Elle est un peu plus travaillée, et l'on y voit le monogramme avec l'année. Dans les premières épreuves de cette seconde, le monogramme et l'année qui ont été gravés à la pointe sèche non ébarbée, sont couverts de manière noire : par conséquent celles où le nom est sans barbes, sont des dernières.

Troisième épreuve. Beaucoup plus travaillée et plus forte de ton; la main supprimée.

Quatrième épreuve. La planche réduite à la largeur ordinaire.

261. Portrait de Jean Antonides Vander Linden.

Il est vêtu d'une robe de cérémonie; il porte un rabat plat et des manchettes. Il est un peu plus qu'à mi-corps et presque de face. Il est placé dans un jardin, au-devant de quelques arbres qui forment presque tout le fond, et il tient un petit livre fermé de la main gauche. On aperçoit une porte dans le fond à la gauche de l'estampe.

Hauteur : 6 pouces 5 lignes, y compris la marge. Largeur : 3 pouces 10 lignes.

Il y a trois épreuves différentes de ce morceau.

Première épreuve. Quelques parties claires du bras ne sont couvertes que d'une simple taille. Les extrémités de l'arbre, à la hauteur de la tête, ne sont qu'au trait. Le mur, où se trouve la porte, n'est couvert que d'une simple taille perpendiculaire.

Seconde épreuve. Les parties claires du bras, qui, dans l'épreuve précédente, ne sont couvertes que d'une simple taille, le sont de tailles qui se croisent dans cette seconde. Les extrémités de l'arbre sont couvertes d'une taille simple et fine. Le mur, où se trouve la porte, est couvert d'une taille horizontale, qui passe par-dessus la perpendiculaire. Les deux balustres indistincts, dans la première épreuve, sont plus marqués par une ombre à triple taille, qui est au milieu des balustres.

Troisième épreuve. Comme la seconde, mais les balustres sont profilés par un trait noir bien visible, qui détermine leur forme.

262. Vieillard à barbe carrée.

Une tête de vieillard à grande barbe carrée par le bas, vue de trois quarts, et dirigée un peu vers la droite. Il est coiffé d'un bonnet de fourrure fort élevé, dont le haut est séparé en deux par le milieu. Ce bonnet lui tombe sur l'œil gauche, et laisse voir de l'autre côté un des bouts de sa calotte. Son corps est de face et couvert d'un manteau ; sa main droite est posée sur une large ceinture, qui lui entoure le corps. On lit au haut de la gauche : *Rembrandt f.* 1640. Ce morceau, d'une pointe légère et spirituelle, ne se trouve pas facilement beau d'épreuve, avec de la manière noire aux ombres les plus marquantes, ainsi que dans le bas de la planche, qui n'a pas été entièrement ébarbée.

Hauteur : 5 pouces 7 lignes. Largeur : 5 pouces 1 ligne.

263. Janus Silvius.

Portrait de Jean Silvius, ministre d'Amsterdam. Il est vu presque de face, ayant le corps dirigé un peu vers la gauche. Il porte une calotte sur sa tête, et une fraise au cou. Sa robe est garnie de fourrure par-devant et au collet. Il est assis devant une table, les mains l'une sur l'autre posées sur un livre ouvert, qui est placé sur cette table. A la gauche du fond qui est travaillé partout, on voit une colonne, et à la droite une voûte. On lit dans le fond, vers le milieu de la gauche : *Rembrandt f.*, et au-dessous : 1633. On a à reprocher à cette estampe un peu trop de dureté dans le travail

Hauteur : 6 pouces 1 ligne. Largeur : 5 pouces 2 lignes.

J'ai vu une épreuve non terminée de ce morceau, plus légère par conséquent; laquelle était retouchée au bistre et au blanc par Rembrandt.

264. Vieillard à grande barbe nu-tête.

Portrait extrêmement rare, représentant un vieillard à grande barbe, assis devant une table, les deux mains appuyées sur un livre. Il a la tête nue, et ses regards sont portés vis-à-vis de lui. Ce morceau est gravé seulement au trait, et si légèrement qu'on a de la peine à le discerner parfaitement.

Hauteur : 5 pouces. Largeur : 4 pouces.

265. Jeune homme assis et réfléchissant.

Un portrait fini, gravé avec goût et effet. Il représente un jeune homme assis, vu de trois quarts, placé à la droite de l'estampe, et dirigé un peu vers la gauche, où l'on voit une table avec quelques livres dessus. Sa tête est garnie de cheveux courts et plats, et coiffée du bonnet ordinaire. Il est enveloppé d'une robe de chambre doublée de fourrure, et il a autour du cou un grand mouchoir, qui pend fort bas par-devant. Son attitude est tranquille et exprime la réflexion. Au haut de la gauche est gravé : *Rembrandt*, et au-dessous : *f.* 1637.

Hauteur : 3 pouces 7 lignes. Largeur : 3 pouces.

266. Menassé Ben-Israel.

Le portrait du Juif Menassé Ben-Israel vu à mi-corps et de face. Sa barbe est légère et pointue; sa tête est couverte d'un chapeau rond à grand bord, qui empêche d'en découvrir le haut de la forme. Il est vêtu d'un manteau qui est ouvert par-devant, et il porte un très-grand collet, qui lui couvre les épaules. On lit au milieu de la droite : *Rembrandt f.* 1636. Ce portrait est cintré par le haut.

Hauteur : 5 pouces 6 lignes. Largeur : 4 pouces.

Il y a deux épreuves différentes de ce morceau.

Première épreuve. Généralement moins travaillée, principalement à la barbe qui s'y trouve plus claire sur le menton. Assez rare.

Seconde épreuve. Généralement plus travaillée. On y voit à la barbe qui couvre le menton, quelques traits de plus qu'à la première; et l'on remarque au bas de la planche, vers le milieu, la marque de l'étau : ce qui prouve que Rembrandt a verni sa planche de nouveau pour la remordre à l'eau-forte.

267. Portrait de Faustus.

Ce philosophe ou médecin est debout, vu de profil, et jusqu'au-dessous de la ceinture. Il est placé vers la partie gauche de l'estampe, et dirigé vers la droite. Il est vêtu d'une robe, et sa tête est coiffée d'un bonnet blanc. Ses deux mains, qui sont fermées, sont appuyées, la droite sur une table, et la gauche sur le bras d'un fauteuil. Il est dans une attitude de réflexion, paraissant examiner avec attention plusieurs caractères magiques, que lui montre dans un miroir une figure dont on n'aperçoit que les mains. Ces caractères sont placés au milieu d'une croisée, qui est dans le fond vers la droite. Sur le devant et tout au bas de la droite, est un globe dont on ne voit que la moitié. Les premières épreuves sont fort chargées de manière noire, ayant été tirées avant que la planche ait été ébarbée ; ces épreuves avec barbes sont fort estimées, surtout lorsqu'elles sont sur papier de soie du Japon.

Hauteur : 7 pouces 10 lignes. Largeur : 6 pouces.

268. Renier Ansloo.

Ce portrait est un des plus beaux et des plus finis qui soient sortis de la pointe de Rembrandt. Il représente Renier Ansloo, ministre Anabaptiste. Il est vu de face, assis dans un fauteuil derrière une table, sur laquelle il y a un grand livre ouvert et posé sur deux autres qui sont couchés. Sur le milieu de la même table il y a une écritoire. Il tient une plume de sa main droite, laquelle est appuyée sur un livre fermé, et de la gauche il montre celui qui est ouvert. Sa tête est couverte d'un chapeau rond à grand bord; il porte une fraise autour du cou, et sa robe est bordée de fourrure. On lit sur une espèce de paravent, qui a la forme d'un dossier de fauteuil, et qui se voit à la droite : *Rembrandt f.*, et au-dessous : 1641. Rare.

Hauteur : 7 pouces. Largeur : 5 pouces et lignes.

Il y a deux sortes d'épreuves de cette estampe.

Première épreuve. De la plus grande rareté ; on y voit une marge toute blanche dans le bas de la planche.

Seconde épreuve, où cette marge est remplie par la prolongation des travaux dans la partie inférieure de l'estampe. Cette seconde épreuve n'a jamais la finesse et le brillant de la première.

J'ai vu de ces secondes épreuves, où l'on avait essayé d'imiter la marge qui se trouve dans le bas de la première, en couvrant ou en essuyant à l'impression cette même partie ; mais il est bien facile de s'apercevoir de cette supercherie.

269. Clément de Jonge.

Le portrait de Clément de Jonge, marchand d'estampes. Il est représenté de face jusqu'à mi-jambes, assis dans un fauteuil sans garniture. Sa tête est couverte d'un chapeau rond à bord rabattu, qui laisse voir des cheveux plats. Il porte un petit collet. Son corps est enveloppé d'un manteau, et ses deux mains sont gantées. La droite qui sort de dessous son manteau, est placée au bas de son estomac, et la gauche pendante vers son genou. Cette pièce est cintrée par le haut. On lit au bas de la droite : *Rembrandt f.* 1642.

Hauteur : 7 pouces 8 lignes. Largeur : 6 pouces.

Il y a cinq épreuves différentes de ce morceau.

Première épreuve. Le haut du fond est blanc. Les tailles qui traversent le dossier du fauteuil, sont plus écartées dans le milieu, ce qui forme une petite barre blanche.

Seconde épreuve. La barre blanche remplie par une taille, et le portrait un peu plus travaillé en général, à l'exception du fond qui est de même.

Troisième épreuve. Cintrée par le haut, avec quelques tailles sur le coin du cintre à droite. Le visage et le chapeau bien plus ombrés. Cette troisième épreuve, tirée de la planche non ébarbée, est, à mon avis, la plus brillante de toutes et celle que je préfère.

Quatrième épreuve. Il y a d'autres tailles qui passent sur les premières, et le coin du cintre à gauche plus travaillé.

Cinquième épreuve. Les tailles au-dessous de la barre du dossier du fauteuil, sont grattées de manière que cette même partie est presque blanche. L'habit qui, dans les épreuves précédentes, n'est couvert que d'une simple taille, est recouvert de contre-tailles dans celle-ci.

270. Abraham France.

Portrait d'Abraham France, grand amateur d'estampes. Il est assis dans un fauteuil placé au bas d'une fenètre, qui est sur la droite vis-à-vis une table. Il regarde une estampe, qu'il tient de la main droite par en haut, et de l'autre par en bas.

Dans le fond est suspendu au mur un petit tableau garni de deux volets, qui servent à le renfermer; lequel tableau représente un crucifix.

Largeur : 7 pouces 8 lignes. Hauteur : 5 pouces 10 lignes.

Il y a cinq épreuves différentes de ce morceau.

Première épreuve. Il n'y a point de paysage au travers de la fenêtre qui est à droite; mais on y voit un rideau retroussé

Seconde épreuve, où il y a un paysage qui se voit au travers de la fenêtre; et sur le papier un portrait distinctement gravé.

Troisième épreuve. Le papier qu'il tient est fort ombré, et ne laisse pas voir la figure.

Quatrième épreuve. L'ombre portée qui est au-dessous du tableau, est presque effacée et paraît égratignée; on voit un chapeau rond sur le banc derrière le fauteuil.

Cinquième épreuve. L'ombre portée au-dessous du tableau y est rétablie. Cette épreuve ressemble au reste beaucoup à la troisième. Pour ne pas se méprendre, il faut examiner la partie supérieure des arbres, qui se voient au travers de la fenêtre Ces arbres sont dans cette cinquième épreuve généralement couverts de hachures horizontales assez régulières; au lieu que, dans la troisième épreuve, ces arbres sont formés de traits légers et irréguliers faiblement ajoutés à la pointe sèche

271. Le vieux Haaring.

Un portrait rare connu sous le nom du vieux Haaring pour le distinguer du jeune Haaring son fils, qui est ci-après. Il est assis dans un fauteuil et vu de face au milieu de la planche Ses coudes sont appuyés sur les bras du fauteuil; sa main gauche est pendante, et de sa droite un peu plus élevée il a l'air de tenir une prise de tabac. Sa tête est couverte d'une petite calotte, et garnie de cheveux blancs. Il porte un rabat plat, au milieu duquel pendent deux glands. Son manteau est relevé par-devant sur son bras droit. Derrière lui est une croisée, avec un rideau pendant sur la gauche de l'estampe. Les belles épreuves sont fort chargées de manière noire.

Hauteur : 7 pouces 3 lignes. Largeur : 5 pouces 6 lignes.

Il y a trois épreuves différentes de ce morceau.

Première épreuve. Peut-être unique. On ne peut la regarder que comme une première ébauche sans accord, quoique d'un travail léger et spirituel.

Seconde épreuve. Entièrement terminée, à l'exception de quelques hachures sur le rideau, et d'une espèce de châssis que l'on aperçoit dans toute la hauteur du milieu et à la droite dans l'intérieur de la croisée. De la dernière rareté.

Troisième épreuve. Le rideau plus couvert de hachures, et les montants du châssis ajoutés dans l'intérieur de la croisée.

272. Le jeune Haaring.

Le portrait du fils du vieux Bourguemestre Haaring, dont on vient de faire mention. Il est presque de face, et paraît assis, le corps dirigé un peu vers la gauche de l'estampe. Sa main droite est appuyée sur son fauteuil. Au-dessus de la droite est une fenêtre, où l'on aperçoit vers le haut, une tringle de fer qui la traverse, et à laquelle est attaché un rideau, qui pend à la gauche de cette fenêtre. Au bas des derniers carreaux de la croisée on lit : *Rembrandt*, et au-dessous : 1655. Le chiffre 6 y est retourné.

Hauteur : 7 pouces 4 lignes. Largeur : 5 pouces 5 lignes.

Il y a quatre différentes épreuves de ce portrait.

Première épreuve. La fenêtre sans tringle. Cette épreuve est ordinairement imprimée d'un ton rembruni, qui tient de la manière noire. Il n'y a guère que la tête et la main gauche, qui s'y distinguent parfaitement.

Seconde épreuve. Avec la tringle à la fenêtre. Il y en a de deux sortes : l'épreuve chargée de manière noire, et tirée de la planche, lorsqu'elle avait encore toute sa force, et pour le ton, égale à la première épreuve. L'autre tirée de la façon ordinaire, de la planche déja plus usée, est généralement éclaircie, et l'on y apperçoit distinctement le rideau, les mains et tout le reste de la figure.

Troisième épreuve. Avec un tableau dans le fond, qui paraît avoir été ajouté par une main étrangère.

Quatrième épreuve. La planche coupée. L'on n'y voit plus que le buste de la figure. Cette estampe porte 4 pouces, 4 lignes de haut, sur 3 pouces 8 lignes de large.

273. Jean Lutma.

Le portrait de Jean Lutma, fameux orfèvre de Groningen. C'est un des beaux portraits que Rembrandt ait gravés. Le caractère de la tête y est rendu principalement avec tout l'esprit imaginable. Il est vu de trois quarts, assis dans un fauteuil, et tient de la main droite, une figure de métal. A côté de lui, tout-à-fait à la droite de l'estampe, est une table où l'on voit une espèce de plat ou soucoupe d'argent, une boîte remplie de poinçons, et un maillet, attributs qui caractérisent l'art qu'il professait. On lit au-dessus de cette table, en caractères étrangers à la main de Rembrandt : *Joannes Lutma aurifex natus Groningae.* Dans le fond est une croisée, sur l'appui de laquelle se voit une bouteille. Dans le haut de la croisée est gravé : *Rembrandt,* et au-dessous f. 1656.

Hauteur : 7 pouces 4 lignes. Largeur : 5 pouces 6 lignes.

Il y a quatre épreuves différentes de ce morceau.

Première épreuve. Elle n'est qu'une première ébauche extrêmement faible, et sans effet, l'eau-forte ayant peu mordu. Extrêmement rare.

Seconde épreuve. Terminée, et d'une grande richesse de ton; elle est ainsi que la première avant la croisée, et avant les noms de Lutma et Rembrandt. Assez rare.

Troisième épreuve. Avec la croisée, et les noms de Lutma et de Rembrandt. Les bonnes épreuves de ce troisième état de la planche sont fort chargées de manière noire, et même dans le fond dont les travaux à la pointe sèche n'ont pas été entièrement ébarbés. Rare sur papier du Japon.

Quatrième épreuve. Réduite à la hauteur de 6 pouces 10 lignes, non compris une marge blanche de 3 lignes, qui se trouve dans le bas; mais cette épreuve n'a pour elle que la rareté.

274. Jean Asselin.

Le portrait de Jean Asselin, surnommé Crabbetje, peintre célèbre. Il est debout, vu presque de face, à mi-corps, et dirigé vers la gauche. Sa tête est garnie de longs cheveux, et couverte d'un chapeau rond de forme élevée, à bord rabattu. Il porte un rabat en façon de collet, au bas duquel pendent deux glands; son manteau est entortillé autour de son bras gauche. Sa main droite est appuyée sur une table, où l'on voit sa palette avec plusieurs livres, et l'autre est posée sur sa hanche. On lit tout au bas de la droite : *Rembrandt*, et au-dessous l'année; mais on ne peut dintinguer les chiffres que très-imparfaitement.

Hauteur : 8 pouces. Largeur : 6 pouces 2 lignes.

Il y a trois épreuves différentes de ce morceau.

Première épreuve. Extrêmement rare. On voit dans le fond un chevalet avec un tableau, sur lequel est peint un morceau d'architecture

Seconde épreuve. Le chevalet effacé; mais avec quelques vestiges des tailles dans le fond, principalement au-dessus de l'épaule et du bras gauche.

Troisième épreuve. Le fond entièrement nettoyé. Il faut avoir ce portrait tiré de la planche non ébarbée; la manière noire couvre alors la crudité du travail.

275. Ephraïm Bonus.

Le portrait d'Ephraïm Bonus, medecin Juif. Sa tête est vue de face, et garnie d'une barbe à la Juive. Il est dirigé vers la droite, d'où vient le jour. Sa tête est couverte d'un chapeau, haut de forme, à bord rabattu. Il a la main droite posée sur la rampe d'un escalier qu'il descend. Il porte sur l'épaule gauche un manteau court, sous lequel le bras et la main sont cachés. Le nom de Rembrandt et les chiffres de l'annee se trouvent tout au long au bas du coin de la droite, mais c'est avec peine que l'on distingue. *f.* 1647. Ce morceau ne se trouve pas communément.

Hauteur: 7 pouces 8 lignes. Largeur: 6 pouces 6 lignes.

Il y a deux épreuves différentes de ce morceau.

Première épreuve. Les doigts de la main droite y sont beaucoup moins travaillés, et la bague qu'il porte à l'index est tellement chargée de barbes, qu'elle en est noire; vers le bas du pli qui se voit au milieu du manteau, il y a du blanc, et la rampe de l'escalier est généralement moins couverte de tailles.

Seconde épreuve. La main plus travaillée et la bague éclaircie, la partie blanche qui se trouve au bas du pli du milieu du manteau, est éteinte, ainsi que la rampe de l'escalier qui est aussi plus terminée. Pour en avoir de bonnes épreuves il faut qu'il s'y trouve de la manière noire, principalement aux retouches à la pointe sèche faites aux balustres de la rampe, etc.

276. Wtenbogardus.

Le portrait de Wtenbogardus, ministre Hollandais, renfermé dans un ovale, et gravé sur une planche de forme octogone. Il est vu presque de face, et assis dans un fauteuil; sa main gauche tient un des côtés du livre, qui est ouvert, et placé sur la table. On voit dans le fond de la droite plusieurs volumes, mis négligemment les uns sur les autres. Sa tête est couverte d'une calotte, et il porte une fraise autour du cou. Au haut de la planche, vers la gauche, est écrit: *Rembrandt f.* et vers la droite: 1635. Il y a au bas dans la marge une inscription de quatre vers latins, composés par Grotius, qui commencent ainsi: *Quem præmirari plebes, etc.*

Hauteur: 8 pouces 4 lignes. Largeur: 6 pouces 10 lignes.

Il y a trois épreuves différentes de ce morceau.

Première épreuve. De la plus grande rareté. La planche est carrée et plus grande, car elle porte 9 pouces 3 lignes de haut, sur 6 pouces 9 lignes de large. Les vers latins n'y sont pas; elle est généralement beaucoup moins travaillée.

Seconde épreuve. Aux extrémités droite et gauche de l'octogone, il se trouve à chacun des angles, une espèce d'oreille ou onglet. Elle est d'un travail assez fin, et brillante de ton. Très-rare.

Troisième épreuve. Les oreilles supprimées, ce qui rend la forme octogone plus régulière. Cette dernière épreuve n'a jamais la légéreté et le brillant de la seconde.

277. Jean Silvius.

Le portrait de Jean Silvius, ministre et homme savant. Il est renfermé dans un ovale, autour duquel est écrit: *spes mea Christus, etc.* On lit aussi en bas dans une grande marge, seize vers latins, dont le premier commence ainsi:

Caius adorandum docuit, etc. Ce portrait est un des beaux de cette classe, et les belles épreuves en sont très-rares. Lesquelles se distinguent par le velouté des barbes, premièrement, et lorsque le fond de la planche, dans les coins, s'y trouve sale, et assez fortement teinté.

Hauteur: 10 pouces 3 lignes. Largeur: 7 pouces.

278. Utenbogaerd.

Un des plus beaux et des plus rares portraits que Rembrandt ait faits, connu sous le nom du peseur d'or. C'est celui de Utenbogaerd, receveur des états de Hollande. Il est très-fini dans toutes ses parties, et l'effet en est admirable. Le receveur a la tête couverte d'une toque, et sa robe est garnie de fourrure. Il tient une plume de sa main droite, qui est posée sur un grand livre de compte, placé avec plusieurs sacs d'argent sur la table vis-à-vis de laquelle il est assis. De l'autre main il donne un sac d'argent à un garçon de comptoir, qui est sur le devant à droite, un genou en terre. Au-dessus du grand livre on voit des balances, avec deux sacs dans un des deux bassins. Sur le devant à gauche est un grand coffre de fer et trois tonneaux, dans l'un desquels, qui est posé sur son fond, on voit des pièces de monnaie. Dans le fond de ce même côté on aperçoit un homme avec un sac d'argent sur le bras, et une femme placée hors d'une porte, dont le bas est fermé. Au-dessus de la tête du receveur, il y a sur le mur un tableau cintré par le haut, où est représenté le serpent d'airain. Au bas, dans la marge à gauche, est gravé *Rembrandt f.* et au-dessous 1639.

Hauteur: 9 pouces 3 lignes. Largeur: 7 pouces 7 lignes.

Il y a trois sortes d'épreuves de ce morceau.

Première épreuve. Dont la singularité consiste en ce que

la tête du receveur n'est exprimée qu'au trait. Elle est extrèmement rare.

Seconde épreuve. La tête du receveur finie, et les pièces
de monnaie qui paraissent dans le tonneau, y sont mieux formées. Cette épreuve est généralement veloutée, principalement à la fourrure de la robe du receveur, qui est chargée de
barbes. Très-rare.

Troisième épreuve. Retouchée dans toutes ses parties, et
l'on n'y trouve pas cette finesse de pointe, et de ton, qui fait
tout le charme de cette superbe estampe ; elle est au contraire
lourde, et quelque fois boueuse, principalement à la fourrure de la robe du receveur, et à la tête du garçon de comptoir qui a un genou en terre. Le visage y est aussi plus travaillé. Ces sortes d'épreuves sont ordinairement sur papier
moderne des Indes, lequel imite assez le vieux papier du
Japon, avec cette différence, que le papier du Japon dont se
servait Rembrandt, est fait de soie pure, et se déchire difficilement ; au lieu que le papier des Indes, sur lequel se trouvent les épreuves de la planche restaurée, est très-cassant,
étant fait d'écorce d'arbre.

279. Le petit Coppenol.

Le portrait de Coppenol, maître écrivain fameux, connu
sous le nom du petit Coppenol, pour le distinguer de la
pièce suivante, qui est plus grande, et qui représente le
même portrait. Il est vu jusqu'aux genoux, assis dans un
fauteuil, vis-à-vis d'une table. Sa tête est de face, son corps
dirigé vers la gauche. Il tient une plume de la main droite,
avec laquelle il forme des traits sur un papier, sur lequel il
pose sa main gauche. On voit à la gauche, sur la table, une
lumière qui répand son effet, et plus haut de ce même côté,
deux grandes équerres de bois et un compas, attachés à un

clou dans le mur. Derrière lui, sur la droite de l'estampe, paraît un jeune garçon, qui tient son chapeau de la main droite devant lui. Rare.

Hauteur : 9 pouces 7 lignes. Largeur : 7 pouces.

Il y a cinq épreuves différentes de ce morceau.

Première épreuve, de la plus grande rareté, où l'on ne voit ni compas, ni équerres; il y a au coin du haut, vers la droite, une fenêtre fermée, en œil de bœuf, peu distincte.

Seconde épreuve. Avec les équerres et le compas; l'œil de bœuf y est très-distinct.

Troisième épreuve. Sans œil de bœuf. On voit dans le fond du haut de la droite un tableau cintré par le haut, qui s'ouvre à deux battants, et qui représente Notre Seigneur crucifié, et les saintes femmes au pied de la croix.

Quatrième épreuve. Le tableau est effacé, et l'on n'en voit que quelques vestiges. Sans œil de bœuf.

Cinquième épreuve. Où il ne reste plus que quelques traits du tableau, et où l'œil de bœuf est rétabli.

280. Le grand Coppenol.

Le grand portrait de Coppenol, ainsi appelé pour le distinguer du précédent. Sa tête est vue presque de face, couverte d'une petite calotte, et garnie de cheveux courts et blancs. Il est dirigé vers la droite, et assis vis-à-vis une table, qui est placée du même côté. Il porte autour du cou, un grand rabat plat et uni, au haut duquel on voit la ganse qui n'est point attachée; il tient un papier blanc des deux mains, et il a une plume placée entre les doigts de sa main droite. Ce morceau est assez rare.

Hauteur : 12 pouces 5 lignes. Largeur : 10 pouces 5 lignes.

Il y a cinq épreuves différentes de ce morceau.

Première épreuve. De la dernière rareté. Le fond est blanc à l'exception d'une colonne d'architecture, placée derrière lui à la gauche, et montant jusqu'au haut de la planche ; laquelle colonne n'est légèrement ombrée que jusqu'au milieu de sa hauteur et l'habit est blanc sur la manche droite.

Seconde épreuve. Le fond également blanc ; mais la manche qui est blanche dans la première, se trouve dans celle-ci, ombrée de tailles simples et légères, et l'ombre de la colonne dépasse les trois quarts de sa hauteur. Cette épreuve est généralement tant soit peu plus travaillée.

Troisième épreuve. Tout le fond est couvert de tailles, et l'on ne voit plus de colonne, mais un grand rideau. L'habit est plus ombré par des hachures, principalement au bras gauche.

Quatrième épreuve. Le fond y est beaucoup plus brun, le rideau plus sensible, et en général le devant et les manches de l'habit sont encore plus ombrés.

Cinquième épreuve. La planche est coupée, ce qui n'offre plus que le buste. Elle porte 5 pouces 10 lignes de haut, sur 4 pouces 11 lignes de large.

281. Tolling, avocat.

Ce morceau est un des plus beaux et des plus rares de l'œuvre de Rembrandt. Il représente, à ce qu'on prétend, le portrait d'un avocat de Hollande, nommé Tolling. Il est vu de face, et assis dans un fauteuil vis-à-vis une table qui est placée vers la gauche, et sur laquelle il y a plusieurs livres ouverts, les uns sur les autres. Sa tête est couverte d'un chapeau rond, dont la forme est un peu élevée. Ses deux bras sont appuyés sur ceux du fauteuil, et il tient des lunettes de la main droite. Il porte un rabat en forme de collet, et sa robe paraît doublée de fourrure. On aperçoit trois bouteilles sur la droite, l'une faite à l'ordinaire et bouchée d'un linge, une autre carrée, bouchée avec du liége, et une autre petite au milieu. On prétend que cela désigne l'étude de la chimie, dans laquelle cet avocat donnait. J'ai remarqué que le peu d'épreuves que j'ai vues de ce portrait, étaient toutes des premières tirées avec les barbes; ce qui me ferait présumer qu'il n'y en a eu de tirées qu'un très-petit nombre, et qu'ensuite la planche aura été brisée ou perdue; autrement, je ne sais à quoi en attribuer la rareté.

Hauteur : 7 pouces 3 lignes (la marge du bas comprise). Largeur : 5 pouces 6 lignes.

282. Le bourguemestre Six.

Le portrait du bourguemestre Six, gravé d'une pointe très-fine, et où le clair obscur est entendu avec tout l'art connu à notre artiste célèbre. Ce bourguemestre est debout, adossé à une croisée ouverte, d'où vient le jour; il est occupé à lire un livre broché, de forme in-quarto, qu'il tient des deux mains. L'attention qu'il apporte à sa lecture est parfaitement exprimée sur son visage, qui semble n'être éclairé que par le reflet du livre. Son collet est tout-à-fait détaché, et son habit est ouvert par le haut. Il paraît que son manteau qu'il a jeté par derrière, occupe une partie du bas de la fenêtre et des côtés. Son épée et son baudrier sont placés dans le fond à gauche sur une table, au-dessus de laquelle paraît un tableau couvert d'un rideau presque tout-à-fait tiré. Au bas du même côté est une chaise, sur laquelle il y a deux grands livres, dont celui de dessus est ouvert. On lit au bas dans une très-petite marge, vers la gauche : *Jean Six*, Æ. 29, vers la droite : *Rembrandt f.* 1647.

Hauteur : 9 pouces. Largeur : 7 pouces 2 lignes.

Il y a trois épreuves différentes de ce morceau.

Première épreuve. De la dernière rareté, où se voit un appui de pierre à la fenêtre, qui monte jusqu'à la moitié du bras du bourguemestre. Elle est avant les noms de Six et de Rembrandt.

Seconde épreuve. L'appui de pierre y est supprimé. On lit dans la marge vers la droite : *Rembrandt f.* 1647. Les chiffres 6 et 4 y sont à rebours. Cette seconde épreuve est presque aussi veloutée et aussi vigoureuse de ton que la première, quand elle est bien conservée.

Troisième épreuve. Où se voit dans la marge vers la gauche : *Jean Six, Æ.* 29, et à l'autre coin : *Rembrandt f.* 1647. Les chiffres regravés et dans le sens convenable. J'ai vu des epreuves du troisième état de la planche, qui étaient encore très-colorées et veloutées.

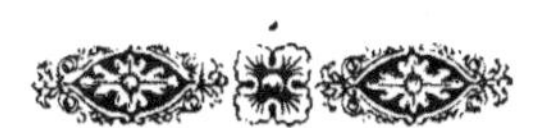

DIXIÈME CLASSE.

TÊTES D'HOMMES DE FANTAISIE.

283. Première tête orientale.

CE morceau représente un Oriental, vu de face et à mi-corps ; sa tête est garnie de petits cheveux courts, et couverte d'une calotte. Son corps, dirigé vers la gauche, est couvert d'une robe fourrée, par-dessus laquelle est une chaîne, d'où pend une médaille. On lit au milieu du haut : *Rembrandt venitiis* 1635.

Hauteur : 5 pouces 7 lignes. Largeur : 4 pouces 7 lignes.

284. Seconde tête orientale.

Un homme vu de profil et dirigé vers la gauche. Sa tête est couverte d'un turban, dont le haut est garni de fourrure, ainsi que les parements de sa robe. On lit dans le haut, vers la droite : *Rembrandt venitiis fecit.*

Hauteur : 5 pouces 7 lignes. Largeur : 4 pouces 7 lignes.

285. Troisième tête orientale.

Un Oriental à grande barbe dans le même goût que les deux précédents. Il est vu de profil et dirigé vers la droite. Son turban est formé d'une étoffe brodée, dont les bouts pendent sur son dos ; et sur le devant est attachée une plume. On lit au haut de la planche vers la gauche : *Rembrandt venitiis* 1635. Cette tête est extrêmement rare.

Hauteur : 5 pouces 10 lignes. Largeur : 5 pouces.

286. Homme en cheveux.

Un buste représentant un homme en cheveux assez longs, ayant la barbe courte et frisée ; la tête presque de profil, est couverte du bonnet ordinaire à Rembrandt ; son corps, dirigé vers la gauche de l'estampe, est vêtu d'une robe noire. J'ai vu, mais rarement, des épreuves où le bonnet et la robe semblaient être de velours ; lequel effet est produit par les barbes dans les première épreuves.

Hauteur : 5 pouces 9 lignes. Largeur : 5 pouces 1 ligne.

287. Vieillard à grande barbe.

Le buste d'un vieillard à grande barbe, vu presque de face. Il est dirigé vers la gauche. Sa tête un peu penchée lui donne l'attitude d'un homme qui dort. Il est couvert d'un bonnet de fourrure entouré d'une bande d'étoffe, qui pend derrière son dos. Il porte un manteau à collet, ouvert par-devant, et attaché sur la poitrine avec une agrafe. On lit au haut de la gauche. *Rembrandt.*

Hauteur : 4 pouces 2 lignes. Largeur : 3 pouces 9 lignes.

288. Vieillard à grande barbe.

Buste de vieillard à grande barbe, dont la tête est chauve sur le devant ; le reste est garni de cheveux un peu hérissés et frisés : elle est vue de face et baissée. Le visage est entièrement couvert d'ombres ; il n'y a de clair, que sur le côté gauche du front et du nez. Le corps est dirigé vers la droite et couvert d'une robe ; l'épaule droite est toute claire, sans aucune taille.

Hauteur : 2 pouces 8 lignes. Largeur : 2 pouces 5 lignes.

289. Tête d'homme chauve.

Un vieillard, vu de profil et dirigé vers la droite de l'estampe. Sa tête est chauve, sa barbe courte, et ses yeux un
peu baissés. Il est couvert d'une robe fourrée. Le fond blanc
aux deux côtés du corps, est ombré dans le haut. Au bas de
la droite est gravé : *Rt.* et au-dessous : 1630.

Hauteur : 2 pouces 7 lignes. Largeur : 2 pouces 2 lignes.

Il y a trois épreuves différentes de ce morceau.

Première épreuve. La planche plus grande : elle porte
4 pouces 4 lignes, sur 3 pouces 7 lignes de large. La tête
seule achevée. Le fond blanc dans toutes ses parties. On lit
vers le milieu du bas de l'estampe : *Rt.* Extrêmement rare.

Seconde épreuve. Très-rare, même grandeur. Le buste est
achevé ; il est couvert d'une robe bordée d'hermine, et porte
au cou la chaine d'un ordre. Le fond est blanc. On lit au
milieu de la marge qui est au bas : *Rt.* 1630, et un peu de
côté avec assez de peine : *Rt.* 163 ; le dernier chiffre n'est pas
exprimé. Ce morceau est si admirable d'exécution, qu'on a
tout lieu de s'étonner que Rembrandt ait pu se déterminer
à en couper la planche.

Troisième épreuve. La planche réduite à la grandeur de
l'épreuve ordinaire. La tête, la robe et la fourrure plus travaillés, le haut du fond tout couvert de tailles.

290. Tête d'homme chauve.

Le buste précédent, tel qu'on le voit sur la troisième
épreuve, gravé en contre-partie. Il n'en diffère qu'en ce qu'il
ne porte point de barbe. Au reste, il est un peu plus grand,
gravé durement et à grosses tailles, mais avec goût. On n'y
trouve ni nom ni année. Ce morceau est un des plus rares
de cette classe.

Hauteur : 2 pouces 9 lignes. Largeur : 2 pouces 6 lignes.

291. Tête d'homme chauve.

Autre vieillard en buste, à tête chauve, vu de profil, et pareillement dirigé vers la droite. La tête est penchée, et les yeux sont couverts. Il n'y a qu'une ombre légère vers le bas de la droite, et tout le reste du fond est clair. Au haut de la gauche on lit difficilement : *Rt.* 1630.

Hauteur : 2 pouces 1 ligne. Largeur : 1 pouce 7 lignes.

292. Vieillard à tête chauve.

Un très-petit buste de vieillard, dont la tête est chauve et fort baissée. Il est vu de trois quarts et dirigé vers la gauche. Le fond est clair, et le jour vient de la droite. On peut mettre cette estampe au nombre des rares. Elle est très-bien gravée, d'une pointe légère et spirituelle, et se trouve rarement belle d'épreuve.

Hauteur : 1 pouce 8 lignes, sur une même largeur.

293. Vieillard avec barbe.

Un buste de vieillard portant barbe, très-bien gravé. La tête est vue de trois quarts et dirigée vers la gauche. Ses cheveux sont frisés et un peu hérissés. Il est couvert d'un manteau qui est éclairé, ainsi que la tête, par la droite de l'estampe. Tout le fond est clair, à l'exception de la gauche, qui est ombrée de quelques traits simples. On lit au haut du même côté : *Rt.* 1631. Ce morceau est fort rare.

Hauteur : 2 pouces 1 ligne. Largeur : 1 pouce 9 lignes.

294. Vieillard à tête chauve.

Buste de vieillard à tête chauve, penché en avant et tourné faiblement vers la droite, d'où vient le jour. Sa bouche est très-ouverte. La partie droite de son corps vu de face, est fortement ombrée, ainsi que la tête, où il n'y a de clair que sur le front et le nez. Le fond est tout-à-fait blanc. On y lit au haut de la gauche : *Rt.* 1631. Ce morceau médiocrement gravé n'est pas commun.

Hauteur : 2 pouces 7 lignes. Largeur : 2 pouces 1 ligne.

Il y a deux épreuves différentes de ce morceau.

Première épreuve. Les plis du manteau sur l'épaule gauche sont peu ombrés et d'une hachure simple.

Seconde épreuve. Ces mêmes plis sont ombrés vers le bas d'une taille croisée.

295. Vieillard sans barbe.

Un petit buste de vieillard sans barbe. Il est éclairé par la droite et tourné vers le même côté. Sa tête est couverte d'un grand bonnet fourré, carré par le haut et enfoncé sur ses yeux. Son habit est croisé par-devant, et paraît attaché sur l'épaule droite avec un grand bâton. Le fond est blanc. Toute la figure est claire du côté de la droite et légèrement ombrée à la gauche.

Hauteur : 1 pouce 8 lignes. Largeur : 1 pouce 2 lignes.

296. Vieillard à barbe courte.

Un buste de vieillard, dont la barbe est courte et frisée. Sa tête est vue de trois quarts et coiffée d'un bonnet à rebords. Sa bouche ouverte lui donne l'expression d'un homme qui crie. Son corps dirigé vers la gauche, est éclairé de la droite. Ses épaules sont couvertes d'une espèce de chappe. Ce morceau qui est d'une pointe forte et un peu dure, ne se trouve pas très-communément.

Hauteur : 1 pouce 6 lignes. Largeur : 1 pouce 3 lignes.

Il y a trois sortes d'épreuves de ce morceau.

Première épreuve. La chappe n'est pas ombrée sur les côtés.

Seconde épreuve. La chappe est ombrée vers la poitrine.

Troisième épreuve. La partie de la poitrine, que l'ouverture de la chappe laisse apercevoir, et qui, dans les précédentes, n'est ombrée que d'une seule taille, est couverte d'une taille croisée dans celle-ci.

297. Autre tête semblable.

Une tête semblable à la précédente, mais plus petite, représentant un vieillard, dont la barbe est courte et frisée. Morceau infiniment rare, de 11 lignes en carré.

298. Esclave à grand bonnet.

Un petit buste assez rare, dont le caractère approche beaucoup de celui d'un esclave turc. La tête est vue de trois quarts, tournée vers la droite, couverte d'un grand bonnet très-élevé, à bord retroussé, et dont le haut touche presque le bord de la planche. Le corps est dirigé vers la gauche, par où il est éclairé. Les épaules et le devant ne sont exprimés que par un simple trait.

Hauteur : 1 pouce 5 lignes. Largeur : 7 lignes.

Il y a deux différentes épreuves de ce morceau.

Première épreuve. L'ombre du bonnet ne monte pas jusqu'en haut.

Seconde épreuve. Le bonnet est ombré par-devant jusqu'en haut.

299. Esclave turc.

Un très-petit buste extrêmement rare, représentant un homme, qui a l'air d'un esclave turc. Il est vu de profil, placé dans la partie gauche de l'estampe et dirigé vers la droite. Il est éclairé par-devant. Sa tête est couverte d'un bonnet contourné par le haut, qui est un peu plus large que le bas. Il porte une petite barbe sous le nez, et une fraise plus longue sur le devant que sur les côtés. Le fond en est clair.

Hauteur: 1 pouce 5 lignes. Largeur: 10 lignes.

Il y a deux épreuves différentes de ce morceau.

Première épreuve, où il n'y a de l'ombre que sur le haut du dos.

Seconde épreuve, où les ombres du dos descendent jusqu'au bas, et couvrent tout le corps.

300. Tête d'homme de face.

Buste d'homme dont la tête est vue de face, et couverte d'un bonnet en forme de calotte. On lui voit les deux oreilles et surtout la gauche. Sa barbe est légère, son manteau est bordé d'hermine et ouvert par-devant. Il est éclairé par la droite de l'estampe; et le fond est ombré, à l'exception de tout ce qui entoure la tête, qui est gravé d'un ton très-clair.

Hauteur : 2 pouces 10 lignes. Largeur : 2 pouces 3 lignes.

Il y a quatre épreuves différentes de ce morceau.

Première épreuve. La planche plus grande : elle porte 3 pouces 7 lignes de haut sur 2 pouces 9 lignes de large. A la gauche du haut en bas, il y a une partie de mur ruiné, qui vient en avant, et derrière lequel la figure paraît être posée. Le corps n'est que légèrement ébauché, et le fond y est clair partout.

Seconde épreuve. Même grandeur, mais plus finie. On voit sur le devant de la figure une ombre portée, qui commence vers le haut de l'estomac et descend jusqu'au bas du buste. Au milieu de la marge du bas est écrit : *Rt. 1630*.

Troisième épreuve. La planche coupée à la gauche et au bas. Le buste fini, mais d'un travail léger.

Quatrième épreuve. Beaucoup plus travaillée dans toutes ses parties, et d'un ton généralement plus vigoureux.

301. Homme à bouche de travers.

Un buste d'homme très-légèrement gravé. Sa tête est nue et vue de face; ses cheveux sout frisés et élevés sur le sommet de la tête. Sa bouche est un peu de travers, et sa lèvre inférieure avance plus que la supérieure; il a le corps tant soit peu tourné vers la droite, d'où vient le jour, et l'on aperçoit un collet au haut de son manteau; le reste n'est gravé qu'au trait. Le fond est clair et seulement chargé d'une taille, qui forme une ombre légère au bas du côté gauche vers l'épaule.

Hauteur : 2 pouces 5 lignes. Largeur : 2 pouces 3 lignes.

Il y a deux épreuves différentes de ce morceau.

Première épreuve, où le visage et les cheveux sont plus ombrés par l'effet des barbes; le fond sale principalement dans le coin de la gauche. Très-rare.

Seconde épreuve. La tête éclaircie, et le fond nettoyé.

302. Vieillard chauve à barbe courte.

Tête de vieillard très-faiblement gravée. Elle est vue de profil, chauve par le haut, et ne portant qu'un toupet de cheveux par-derrière. Sa barbe est courte, et son cou entouré de fourrure; tout le reste n'est formé qu'avec des traits légers. Le fond est clair, à l'exception du bas de la partie droite de l'estampe, qui est légèrement ombrée. On voit du même côte, à la hauteur de la tête, deux traits horizontaux, et un troisième presque perpendiculaire, ce qui semble désigner une muraille.

Hauteur : 2 pouces 6 lignes. Largeur : 2 pouces 1 ligne.

Les premières épreuves se reconnaissent à l'irrégularité des bords de la planche, lesquels se trouvent raboteux et assez fortement marqués.

3o3. Homme avec bonnet.

Buste d'homme dirigé vers la gauche et éclairé par la droite. Sa tête qui est vue de trois quarts, est un peu penchée; il porte un bonnet de poil ras, qui finit en pointe arrondie ; sa robe est bordée de fourrure, et ouverte par-devant, de façon qu'elle laisse voir un autre vêtement qu'il porte par-dessous et qui monte jusqu'à son cou. Le fond est clair dans les parties qui entourent la tête. On lit au haut de la gauche : *Rt.* 163i.

Hauteur : 2 pouces 9 lignes. Largeur : 2 pouces 2 lignes.

Il y a trois épreuves différentes de ce morceau.

Première épreuve. Moins travaillée.

Seconde épreuve, où le bonnet, le visage et l'habillement sont plus couverts de hachures.

Troisième épreuve. Généralement plus rembrunie.

3o4. Homme faisant la moue.

Un buste d'homme dirigé vers la gauche, et éclairé par la droite. La tête presque de profil est coiffée d'une calotte, et la barbe est courte et frisée. Les deux lèvres sont saillantes comme celles d'un maure, ce qui fait faire à l'homme une espèce de moue. Il est couvert d'un habit bordé de fourrure, et fermé avec un bouton par le haut; il porte une cravate autour du cou. Le fond est clair, à l'exception d'une petite ombre, qui est au bas de la gauche et qui diminue en s'élevant. Ce morceau gravé avec assez de légèreté ne se trouve pas communément.

Hauteur : 2 pouces 9 lignes. Largeur : 2 pouces 3 lignes.

3o5. Vieillard à grande barbe blanche.

Buste de vieillard, dont la tête penchée est vue de trois quarts. Il a le corps couvert d'une robe d'étoffe à longs poils avec un collet. Il est dirigé vers la droite, d'où vient le jour. Le fond est clair, ombré seulement d'un trait léger à la gauche au-dessous de l'épaule. Du même côté est gravé vers le haut : *Rt.* 163o. Les belles épreuves n'en sont pas communes.

Hauteur : 3 pouces 7 lignes. Largeur : 3 pouces.

3o6. Jeune homme à mi-corps.

Ce morceau représente un jeune homme, dont la tête vue de profil est garnie de cheveux courts peu frisés; il porte au cou un grand rabat orné de dentelles, et un habit à larges manches, qui est boutonné par-devant et serré par une ceinture. On lit dans le haut : *Rembrandt f.* 164.; le dernier chiffre n'est pas exprimé. Cette estampe gravée avec légèreté a le fond très-sale dans les premières épreuves.

Hauteur : 3 pouces 6 lignes. Largeur : 2 pouces 6 lignes.

3o7. Homme avec chapeau à grand bord.

Un buste d'homme placé sur la gauche et dirigé vers la droite, d'où vient le jour. Sa tête qui est de trois quarts, est couverte d'un chapeau rond à large bord, dont le devant est relevé. Il porte des moustaches et une fraise plate et pendante autour du cou. Son habit est boutonné par-devant. Le fond en est clair. Au haut de la gauche est gravé : *Rt.* 163o. Ce morceau gravé d'une pointe spirituelle et brillante est assez rare, beau d'épreuve.

Hauteur : 2 pouces 11 lignes. Largeur : 2 pouces 5 lignes.

3o8. Vieillard à grande barbe.

Un buste de vieillard à grande et large barbe, gravé très-légèrement, et qui ne se trouve jamais d'une épreuve bien vive. La tête vue presque de face, avec peu de cheveux, est couverte d'un bonnet de fourrure : elle est éclairée par la droite de l'estampe, et le fond en est clair, à l'exception seulement d'une ombre légère, qui est au bas de la gauche vers l'épaule.

Hauteur : 2 pouces 3 lignes. Largeur : 2 pouces.

Il y a deux épreuves différentes de ce morceau.

Première épreuve, où les bords de la planche sont irréguliers et raboteux. Les tailles dont le buste est couvert par-devant, ne descendent pas tout-à-fait jusqu'au bord inférieur de la planche. Cette première et rare épreuve est infiniment supérieure aux épreuves ordinaires.

Seconde épreuve. Les bords de la planche réguliers et unis, et l'on y voit le buste travaillé jusqu'au bas de la planche.

309. Vieillard à barbe carrée.

Buste de vieillard à grande barbe carrée. Sa tête est vue de trois quarts, et couverte du bonnet ordinaire, dont l'étoffe paraît être de velours. Il est dirigé vers la droite, et porte une robe de fourrure, qui forme plusieurs plis sur le haut de son épaule. Sa main gauche est placée au bas de la droite de l'estampe, et il tient quelque chose qui n'est pas fort distinct. On lit au haut de la gauche : *Rembrandt f.* 1637.

Hauteur : 3 pouces 6 lignes. Largeur : 3 pouces 1 ligne.

310. Vieillard à barbe carrée et bonnet.

Un autre buste de vieillard, de la plus grande rareté, quoique gravé d'un ton fort, et à grosses tailles. Il paraît être tout-à-fait des premières manières de Rembrandt. Sa tête est vue de trois quarts, et coiffée d'un bonnet grossier, difficile à définir; ses yeux sont baissés. Il est couvert d'une robe bordée de fourrure. Il est dirigé vers la droite et éclairé du même côté. Le fond est tout-à-fait blanc. Dans le haut est écrit : *Rt.*

Hauteur : 2 pouces 9 lignes. Largeur : 2 pouces 5 lignes.

Il y a deux épreuves différentes de ce morceau.

Première épreuve. De la plus grande rareté ; elle est plus grande, car elle porte 3 pouces 3 lignes de haut, sur 2 pouces 9 lignes de large. Elle paraît être une première ébauche peu finie.

Seconde épreuve. La planche diminuée, et plus terminée, telle qu'on la trouve ordinairement. Il est à observer que le monogramme *Rt.* n'est pas toujours exprimé dans cette dernière épreuve.

311. Vieillard à barbe pointue.

Buste de vieillard à grande barbe, finissant en pointe. Le corps est un peu tourné vers la droite, d'où vient le jour, et la tête vers la gauche ; il est enveloppé d'un manteau. Le fond est clair, excepté une partie ombrée du côté gauche au-dessus de l'épaule. La tête est de trois quarts, le front chauve, les yeux baissés, et les cheveux élevés sur le sommet. On lit au haut de la gauche, en petits caractères déliés : *Rt.* 1631. Ce morceau est gravé d'une taille très-fine.

Hauteur : 2 pouces 6 lignes. Largeur : 2 pouces 5 lignes.

Il se trouve, mais rarement, des épreuves avant le monogramme *Rt.* et l'année.

312. Vieillard à barbe droite.

Un autre petit buste de vieillard à barbe droite, gravé à gros traits, et d'un ton dur. La tête est de profil, et placée près du bord de la planche, du côté droit, d'où vient le jour. Elle est couverte d'un petit bonnet, qui finit en pointe : les

cheveux sont courts. Le fond n'est ombré que légèrement
derrière le dos. On lit vers le haut de la gauche: *Rt.* 1631.
Ce morceau est très-rare.

Hauteur: 1 pouce 9 lignes. Largeur: 1 pouce 5 lignes.

313. Philosophe avec sable.

Un très-petit morceau gravé en bois, qui passe pour être
de Rembrandt, mais que je crois plutôt de Lievens, dont il
porte tout le caractère. Il représente un philosophe à grande
barbe carrée et plate, vu de profil et coiffé d'un grand bonnet
de fourrure élevé et plus large par le haut que par le bas.
Il est dirigé vers la droite, où l'on aperçoit un sable qui
sert à marquer les heures, et par-derrière une tête de mort
mal exprimée. Son bras gauche est appuyé sur une table,
et derrière lui est un rideau qui pend. Ce morceau est fort
rare.

Hauteur: 2 pouces 1 ligne. Largeur: 1 pouce 10 lignes.

314. Homme à moustaches et grand bonnet.

Un homme âgé vu de trois quarts, qui semble être assis;
il est dirigé vers la droite, d'où vient le jour. Sa tête est couverte d'un grand bonnet fort élevé, large du haut, et entouré
par le bas d'une espèce de bandeau, qui tombe sur le front.
Il porte trois petits toupets de barbe, deux au-dessous du
nez, et l'autre au menton. Le corps est enveloppé d'un manteau bordé d'une fourrure blanche Il n'y a dans le fond
qu'une ombre légère du côté gauche, au haut duquel on lit:
Rt. 1630.

Hauteur: 3 pouces 10 lignes. Largeur: 3 pouces 1 ligne.

Il y a deux épreuves différentes de ce morceau.

Première épreuve. La planche plus grande, dont les bords
sont irréguliers et raboteux, avec le fond sale. Elle est beau-

coup moins travaillée en général, principalement au bonnet.
Extrêmement rare.

Seconde épreuve. Diminuée par le haut, et de deux lignes
environ sur la droite. Elle est en outre plus travaillée dans
toutes ses parties.

315. Tête à bonnet.

Un petit buste d'homme d'une pointe dure et lourde. La
tête est de face, et couverte d'un bonnet contourné par le
haut et sur les côtés, avec la partie du visage à la gauche de
l'estampe, ainsi que l'épaule, ombrées et même noires, et la
partie du côté droit, d'où vient le jour, tout-à-fait claire.
Les cheveux sont courts. Il est enveloppé d'un manteau,
dont les bords sont déchiquetés, et tombent par-devant. Le
fond n'est ombré que dans le bas de la gauche, au haut de
laquelle on lit : *Rt.* 1631.

Hauteur: 2 pouces 3 lignes. Largeur: 2 pouces 1 ligne.

316. Homme avec bandelette au bonnet.

Tête d'homme vue de profil, placée dans la partie gauche
de l'estampe, et éclairée de la droite. Elle est coiffée d'un
bonnet à oreilles pendantes, attaché à une bandelette, qui
passe par-dessous le menton. Le corps est couvert d'un manteau, au haut duquel paraît une petite fraise ; il n'y a qu'une
petite partie du fond, qui soit ombrée dans le bas de la gauche. Cette petite estampe est des plus rares ; la gravure en est
grossière et dure, mais spirituelle.

Hauteur: 2 pouces. Largeur: 1 pouce 5 lignes.

317. Vieillard à tête chauve.

Tête d'homme chauve, vue de trois quarts, et dirigée vers
la droite, d'où vient le jour. Le buste enveloppé d'un manteau bordé d'un large parement de fourrure. Toute la partie

droite du fond est ombrée, ainsi que le bas de la gauche, où se lit : *Rt.* 1631. Assez rare.

Hauteur : 2 pouces 5 lignes. Largeur : 2 pouces 2 lignes.

Il y a deux épreuves différentes de ce morceau.

Première épreuve Où la tête et le manteau sont beaucoup moins travaillés.

Seconde épreuve. Est celle qui est décrite ; la joue droite y est couverte d'une ombre noire, qui va d'un ton égal jusqu'aux parties claires. Cette ombre qui met de la discordance dans le clair-obscur, pourrait bien avoir été ajoutée par une main étrangère.

318. Vieillard à barbe carrée fort large.

Buste de vieillard un peu tourné vers la droite, d'où vient le jour, qui éclaire le haut de l'épaule gauche. Sa tête, presque de face, est chauve et penchée en avant, ses yeux sont baissés, et tout le visage est couvert d'ombres. Il est enveloppé dans un manteau. Le fond est blanc, à l'exception d'une très petite ombre, qui se voit vers le haut de l'épaule droite. On lit au haut du côté gauche: *Rt.* 1630. Cette estampe gravée avec légèreté se trouve quelquefois sans le nom ni l'année.

Hauteur : 3 pouces 4 lignes. Largeur : 2 pouces 10 lignes

319. Tête grotesque.

Une très-petite tête gravée avec esprit. Elle est couverte d'un bonnet de fourrure élevé et entouré d'une bande d'étoffe. Elle est vue de profil et tournée vers la droite. Son nez est plat et écrasé. Le fond en est tout blanc, et la planche est cintrée par le haut.

Hauteur : 1 pouce 3 lignes Largeur : 11 lignes

Il y a deux épreuves différentes de ce morceau.

Première épreuve. Très-légèrement gravée, et à l'eau-forte seulement.

Seconde épreuve. Généralement plus travaillée et couverte de tailles au burin, principalement à l'épaule droite.

320. Autre petite tête grotesque.

Petite tête gravée d'une pointe ferme et spirituelle. Elle représente celle d'un gueux vu de trois quarts; elle est couverte d'un petit bonnet finissant en pointe: sa bouche est ouverte comme celle d'un homme qui crie avec force. Son corps est dirigé vers la droite, d'où vient le jour, et couvert d'un manteau fermé d'un bouton par-devant. La partie gauche est fort ombrée, le fond en est clair.

Hauteur: 1 pouce 3 lignes. Largeur: 1 pouce 1 ligne.

Il y a deux épreuves différentes de ce morceau.

Première épreuve. Avant la taille croisée au bas de l'épaule.

Seconde épreuve. Avec la taille croisée au bas de l'épaule.

321. Buste de jeune homme au chapeau retroussé.

Le buste d'un jeune homme, terminé jusqu'au cou, le reste de la planche est blanc. Il est renfermé dans un octogone allongé, et porte, comme les ministres de Hollande, un chapeau détroussé, dont la gravure est plus terminée que celle de la tête. Ses cheveux sont épars sur l'épaule gauche, où ils sont moins exprimés que sur la droite. Dans le haut de la gauche il y a quelques hachures. Ce morceau est de la plus grande rareté.

Hauteur: 4 pouces. Largeur: 3 pouces 4 lignes.

Il y a deux épreuves différentes de ce morceau.

Première épreuve. D'un travail plus léger en général. Extrêmement rare.

Seconde épreuve. Retouchée à l'eau-forte, d'une manière un peu trop dure, ce qui produit une discordance désagréable avec le premier travail qui est d'une grande légèreté.

322. Buste de jeune homme.

Le buste d'un jeune homme gravé légèrement au trait. Il est coiffé comme le précédent, d'un chapeau, tel que le portent les ecclésiastiques de Hollande. La tête et le chapeau sont plus exprimés. Il est placé à la droite, et tourné vers la gauche.

Hauteur : 3 pouces 5 lignes. Largeur : 2 pouces 6 lignes.

323. Buste de jeune homme au bonnet orné de plumes.

Le buste d'un jeune homme, vu en partie, comme au travers d'une fenêtre ou d'un cadre, qui borde toute la planche. Il est dirigé vers la gauche de l'estampe et éclairé par la droite. Sa tête est couverte d'une espèce de bonnet de Mezetin orné de deux plumes, et son corps enveloppé d'une robe fermée par deux agrafes. Sur l'épaule gauche on voit des aiguillettes, et le fond tout-à-fait travaillé. Au bas, dans le coin de la droite, il y a comme une espèce de coussin. Ce morceau me paraît suspect.

Largeur : 2 pouces 8 lignes. Hauteur : 1 pouce 11 lignes.

324. Buste d'homme à cheveux crépus.

Il est placé à la droite de l'estampe, d'où vient le jour. Il a le côté droit du visage fortement ombré; ses cheveux crépus et épais lui tombent sur l'épaule droite, et sa lèvre supérieure est garnie d'une moustache. Son manteau est éclairé par le

haut sur l'épaule gauche. Le fond est ombré, excepté dans
un coin à la gauche, qui est blanc depuis le milieu jusqu'au
bas, et où on lit : *Rt.*

Hauteur : 2 pouces 6 lignes. Largeur : 2 pouces 5 lignes.

325. Buste de vieillard.

Ce petit buste vu presque de trois quarts est dirigé vers la
droite, d'où vient le jour. Il porte un bonnet de fourrure
fort élevé, dont le rebord est presque blanc, et dont la pointe
va jusqu'au haut du coin de la droite. Il a le nez long. On
lui voit deux moustaches à la lèvre supérieure et une troisième au menton. Il est vêtu d'un manteau de fourrure qui,
étant ouvert par le milieu, laisse entrevoir sa chemise, et une
espèce de ceinture. Le fond est tout-à-fait clair (*).

Hauteur : 1 pouce 4 lignes. Largeur : 1 pouce.

326. Buste de vieillard.

Une tête de vieillard en buste, vue presque de profil et
tournée vers la droite, d'où vient le jour. Elle est chauve en
partie, fort pointue par le haut et garnie par-derrière de cheveux hérissés. La barbe est longue, et l'air attentif du vieillard
est exprimé par sa bouche entr'ouverte. Le corps est couvert
d'une robe fourrée, et le fond de la planche est clair dans
toutes ses parties. Ce morceau est fort rare.

Hauteur : 1 pouce 4 lignes. Largeur : 1 pouce.

327. Buste d'homme avec bonnet orné de plumes.

Ce petit buste vu de face est éclairé par la droite. Il est

---

* Le catalogue de vente du cabinet de N. Marcus fait mention de trois
épreuves différentes de ce morceau, qui sont plus ou moins terminées.
Voyez ce catalogue, page 220, n° 435, 436 et 437 ; comme je ne les ai
pas vues, je n'en peux rien dire de plus.

coiffé d'un bonnet à rebord, enfoncé sur les yeux, et orné du
côté gauche de deux plumes. A l'entour de son cou est une
fraise, et il porte barbe, moustaches et cheveux. Le fond est
clair, excepté le côté gauche, où il y a une ombre légère vers
le haut de l'épaule. Ce morceau qui est gravé d'une pointe
légère, est presque toujours faible d'épreuve. Il n'est pas commun.

Hauteur : 1 pouce 2 lignes. Largeur : 1 pouce.

328. Buste de vieillard.

Une petite tête de vieillard en buste, avec une barbe blanche, et un bonnet à rebords. Le corps qui est couvert
d'un manteau bordé de fourrure, est placé à la gauche de
l'estampe, et dirigé vers la droite, d'où vient le jour. Le fond
est entièrement blanc. Ce morceau est très-fini, d'un grand
effet, et ne se rencontre que rarement.

Hauteur : 1 pouce 11 lignes. Largeur : 1 pouce 7 lignes.

329. Nègre blanc.

Ce morceau qui est de la plus grande rareté, représente
un homme à mi-corps, vu presque de profil et dirigé vers la
droite de l'estampe. Il a la physionomie d'un nègre, quoiqu'il
ne soit pas noir. Sa tête est couverte d'un turban orné d'une
plume. Il porte de la main droite une canne qui, au lieu de
la pomme, est surmontée d'une espèce de marteau, et il tient
de l'autre un médaillon attaché à une chaîne d'or, qu'il a autour du cou. Ce morceau est très-faiblement gravé, à l'exception du turban, qui a été retouché à l'eau-forte, et qui est plus
vigoureux que tout le reste. Il n'y a ni nom ni année, mais je
le crois des commencemens de Rembrandt.

ONZIÈME CLASSE.

PORTRAITS DE FEMMES.

---

330. La grande Mariée Juive.

LE portrait d'une femme appelée la grande Mariée Juive. Elle est assise, vue de trois quarts, et dirigée vers la gauche de l'estampe. Sa tête est nue et garnie de longs cheveux, qui lui couvrent toutes les épaules. Elle tient de la main droite le bout du bras du fauteuil sur lequel elle est assise, et de la main gauche, un rouleau de papier. Elle porte une espèce de peignoir par-dessus sa robe. Ce morceau rare est parfaitement gravé dans toutes ses parties.

Hauteur : 8 pouces 1 ligne. Largeur : 6 pouces 2 lignes.

Il y a trois épreuves différentes de ce morceau.

Première épreuve. De la plus grande rareté. Il n'y a que le buste qui soit fini, ainsi que le haut du fond, dont l'architecture est différente. En général cette épreuve est supérieure aux deux autres, sous le rapport du goût et de la légèreté de la pointe.

Seconde épreuve. Entièrement terminée, à l'exception des mains et le bas du peignoir qui ne sont pas couverts de tailles ; l'architecture y est tant soit peu changée.

Troisième épreuve. Les mains et le bas du peignoir couverts de tailles pour éteindre ces mêmes parties qui, dans la précédente, étaient trop claires. Les belles épreuves de la troisième se connaissent à un point ou tache noirâtre, qui se trouve sur la partie claire de la joue gauche, vers le haut. Plus cette tache est forte, plus l'épreuve est ancienne et belle.

331. La prétendue étude du morceau précédent.

Cette pièce où il n'y a de gravé que la tête et les cheveux, passe dans l'esprit d'un grand nombre d'amateurs pour être de Rembrandt. Sans vouloir trop combattre cette opinion, je crois cependant devoir observer premièrement, qu'elle est, comme étude, terminée avec trop de soin, joint à une sorte de sécheresse et de timidité qui décèlent toujours l'ouvrage du copiste, quelque servile qu'il soit. Elle se trouve assez communément.

Hauteur : 5 pouces 11 lignes. Largeur : 3 pouces 6 lignes.

332. La petite Mariée Juive.

Un autre portrait à mi-corps, d'une jolie femme, gravé d'une pointe fine et légère, connu sous le nom de la petite Mariée Juive, pour la distinguer du morceau précédent. Elle est vue de trois quarts, dirigée vers la droite, et semble être debout. Sa tête, garnie de cheveux longs qui lui couvrent le dos et les épaules, est ceinte par le haut d'un petit bandeau garni de pierres précieuses. Elle est couverte d'un peignoir, et ses mains sont croisées devant elle. On voit au bas de la droite une roue dentelée, ce qui pourrait faire croire que cette femme se nommait Catherine. Au haut de la droite est gravé très-légèrement : *Rembrandt f.*, et au-dessous : 1633. Ce nom et ces chiffres sont à rebours. Dans les premières épreuves, les parties terminées à la pointe sèche sont tant soit peu chargées de barbes.

Hauteur : 4 pouces. Largeur : 2 pouces 10 lignes.

333. Vieille femme assise.

Elle a le corps dirigé vers la droite, d'où vient le jour. Sa tête qui est vue de trois quarts, est extrêmement finie, et porte le caractère d'une femme âgée. Elle est assise dans un fauteuil, devant une table ronde, dont on ne voit qu'une partie. Elle porte sur la tête un voile noir, et sur ses épaules, un mantelet garni de fourrure; ses mains sont croisées l'une sur l'autre. On lit au milieu de la gauche : *Rt. f.*

Hauteur : 5 pouces 5 lignes. Largeur : 4 pouces 9 lignes.

Cette planche a été diminuée après-coup, et coupée en forme ovale, dont la hauteur est de 3 pouces, et la largeur de 2 pouces 3 lignes.

334. Autre vieille femme assise.

Portrait d'une vieille femme, disposée comme la précédente, mais le corps dirigé vers la gauche. Sa tête est vue de trois quarts, et dirigée vers la gauche de l'estampe. Elle est pareillement assise dans un fauteuil, et sa coiffure est semblable, à l'exception qu'elle porte un bonnet par-dessous son voile; sa chemise se termine en fraise par le haut. On lit sur la gauche : *Rembrandt f.* Il se trouve assez de manière noire dans les premières épreuves de cette estampe, qui est gravée d'une pointe très-forte.

Hauteur: 5 pouces 6 lignes. Largeur : 4 pouces 3 lignes.

335. La liseuse.

Le portrait d'une jeune femme à mi-corps, vue presque de profil, et assise vis-à-vis d'une table, sur laquelle est placé un livre. Elle est dirigée vers la gauche; un bonnet, autour duquel est une écharpe, dont les deux bouts tombent sur son dos, forme sa coiffure. Sa main gauche est appuyée sur le livre

qu'elle lit, et la droite est renfermée sous sa robe, à la hauteur
de sa poitrine. Ce morceau est très-bien gravé, d'une belle expression et d'un grand effet. On lit vers le milieu du haut :
Rembrandt f. 1634.

Hauteur : 4 pouces 6 lignes. Largeur : 3 pouces 8 lignes.

Il y a trois épreuves différentes de ce morceau.

Première épreuve. Beaucoup moins travaillée dans toutes
ses parties, et la planche tant soit peu plus large sur la gauche,
dont ce côté n'est point d'équerre ; je n'ai vu cette épreuve
que dans l'œuvre qui appartenait à un amateur anglais, nommé
Daulby.

Seconde épreuve. Entièrement terminée, et le bord gauche
de la planche coupé régulièrement. Assez rare.

Troisième épreuve. Elle ne diffère de la seconde qu'en ce
que le nez s'y trouve grossi et allongé.

336. Vieille femme méditant sur un livre.

Un morceau de la dernière rareté et qui paraît avoir été fait
pour servir de pendant au précédent, étant gravé dans le
même goût, de pareille grandeur, avec le nom de Rembrandt,
et la même année. Il représente une vieille femme, assise devant une table ; elle est vue jusqu'à la moitié du corps, et dirigée vers la gauche. Sa main droite est passée sous sa robe,
qui est bordée de fourrure, et sa gauche est appuyée sur un
livre. Sa tête est élevée, un peu tournée vers la droite de l'estampe, et les traits de son visage expriment la méditation.

337. Femme coiffée en cheveux.

Portrait de femme vue à mi-corps et dirigé vers la droite.
La tête en est agréable et vue de profil : elle est coiffée en cheveux ornés de plusieurs rangs de perles ; elle porte un collier à
double rang, avec un mouchoir par-devant, et pendant des

deux côtés. Sa taille est courte, et les manches de sa robe sont ouvertes, et composées de différentes bandes d'étoffe. Au-dessus de sa tête est gravé : *Rembrandt f.* 1634.

Hauteur : 3 pouces 3 lignes. Largeur : 2 pouces 6 lignes.

338. Vieille femme coiffée à l'Orientale.

Portrait d'une vieille femme à mi-corps, vue de profil, et assise dans un fauteuil. Son corps est dirigé vers la droite de l'estampe. Elle est coiffée d'un morceau d'étoffe brodée, qui pend derrière son dos. Sa main gauche est placée sur sa poitrine, et la droite sur l'extrémité du bras de son fauteuil. On lit vers le bas de la droite : *Rt.* 1631. Ce morceau gravé avec esprit, d'une pointe fine et délicate, ne se trouve jamais beau d'épreuve, l'eau-forte n'ayant pas assez mordu.

Hauteur : 5 pouces 5 lignes. Largeur : 4 pouces 9 lignes.

Il y en a deux épreuves différentes.

Première épreuve. L'ombre de derrière prolongée à la hauteur de la tête, et les cheveux dans une espèce de bourse tant soit peu pendante. Extrêmement rare.

Seconde épreuve. L'ombre effacée du haut jusqu'à la hauteur de l'épaule. Les cheveux plus relevés par-derrière. Cette épreuve, qui a été retouchée à l'eau-forte, est généralement plus vigoureuse de ton, excepté le visage qui s'y trouve encore plus faible que dans la première.

339. Buste de la mère de Rembrandt.

Portrait de la mère de Rembrandt en buste. Elle est vue presque de face. Sa tête et son corps sont un peu dirigés vers la droite. Un voile noir et ouvert forme sa coiffure ; sa robe est aussi fort rembrunie. Ses yeux sont un peu baissés, et sa main gauche est placée sur sa poitrine. Au milieu d'une petite marge au bas de l'estampe est écrit : *Rt.* 1631.

Hauteur : 3 pouces 6 lignes. Largeur : 2 pouces 5 lignes.

340. Vieille qui dort.

Une vieille gravée avec beaucoup de goût et de finesse. Elle est vue de face et dormant, la tête appuyée sur sa main gauche, et les deux bras posés sur un livre ouvert ; ses lunettes sont passées dans l'index de sa main droite. Sa coiffure a quelque ressemblance avec un turban, et ses épaules sont couvertes d'un petit mantelet de fourrure. Le fond est brun dans toute la partie gauche, d'où vient le jour, et plus clair dans le haut de la droite.

Hauteur : 2 pouces 7 lignes. Largeur : 1 pouce 11 lignes.

341. Vieille bien caractérisée, regardant en bas.

Une simple tête de vieille, ressemblant à la mère de Rembrandt gravée d'un très-bon goût. Elle est vue de trois quarts, et coiffée d'un linge épais, qui pend au niveau de ses épaules. Elle est dirigée vers la droite, d'où vient le jour. Le fond en est clair, à l'exception d'une petite partie de la gauche, qui est ombrée d'un seul trait et qui ne passe pas le milieu de la tête. Elle n'est terminée que jusqu'au bas du menton. On lit au milieu du haut : *Rembrandt f.* 1633.

Hauteur : 1 pouce 7 lignes. Largeur : 1 pouce 6 lignes.

Il y a deux épreuves différentes de ce morceau.

Première épreuve. De la plus grande rareté. Elle n'est gravée qu'à l'eau-forte, d'une pointe fine et peu colorée. Tout le fond en est clair, et l'on n'y voit point le nom de Rembrandt ni la date. Elle porte 2 pouces 4 lignes de haut, sur 2 pouces 2 lignes de large. J'ai vu une de ces sortes d'épreuves, où Rembrandt avait dessiné à la pierre noire le haut du corps.

Seconde épreuve. La planche réduite à la grandeur ordinaire, et la tête terminée, avec le nom et l'année.

342. Vieille à bouche pincée.

Autre tête de vieille aussi ressemblante à la mère de Rembrandt, dont la gravure ne passe pas le dessous du menton, ainsi que la précédente. Elle est très-bien gravée ; le fond y est clair, à l'exception du bas de la gauche, qui est ombré d'une seule taille. On la voit de face ; elle est coiffée d'une simple cornette à l'ordinaire. Sa bouche est un peu pincée. Le jour vient de la droite de l'estampe. On lit sur la gauche, à la hauteur des deux tiers de la tête : *Rt.* 1628. Le chiffre 2 y est retourné.

Hauteur : 2 pouces 4 lignes. Largeur : 2 pouces 5 lignes.

Il y a deux épreuves différentes de ce morceau.

Première épreuve. La planche plus grande par le bas : ce qui place la tête dans le milieu, au lieu d'avoir le menton appuyé tout-à-fait sur le bord. Il n'y a que le visage d'achevé. La cornette, ainsi qu'une partie du buste, dessinées à la pierre noire. J'ai vu cette épreuve rare à la bibliothèque royale d'Amsterdam ; laquelle est la même dont Yver fait mention dans son supplément, puisqu'elle provient du cabinet de Van Leyden.

Seconde épreuve. La planche diminuée par le bas. La cornette gravée, mais d'un ton plus coloré que celui du visage.

343. Buste de vieille d'un beau caractère.

Vieille femme ressemblante à la mère de Rembrandt, dont la physionomie est agréable. La tête est vue de trois quarts, et couverte d'une espèce de coiffe relevée sur l'oreille droite et pendante sur l'épaule gauche. La figure est dirigée vers la droite, d'où elle est éclairée. Sa robe est ouverte par-devant.

Le fond est clair, et ombré seulement d'une taille le long
du dos. On lit au haut de la droite : *Rt.* 1628. Le chiffre 2
est à rebours.

Hauteur : 2 pouces 5 lignes. Largeur : 2 pouces 4 lignes.

Il y a deux épreuves différentes de ce morceau.

Première épreuve, de la dernière rareté, où la tête seule
est terminée. Le côté de la coiffe relevée sur l'oreille droite,
ainsi que la partie extérieure de cette même coiffe, pendante
sur l'épaule gauche, n'y sont point exprimés. Le buste manque
entièrement.

Seconde épreuve est celle qui a été décrite, où la coiffe
est terminée et le buste gravé. Comme Rembrandt a fini cette
coiffe à la pointe sèche, sans en avoir ôté les barbes, il en résulte que ces mêmes parties sont chargées de manière noire
dans les anciennes épreuves.

344. Autre buste de la mère de Rembrandt.

La tête est vue de face et coiffée d'une cornette à l'ordinaire. Le corps est dirigé vers la gauche, d'où vient le jour.
Il est couvert d'une robe fourrée qui n'est que légèrement
tracée. Le fond est blanc, à l'exception de quelques petites
tailles qui se voient à la droite de l'estampe. Ce morceau gravé
d'une pointe assez forte, est d'un assez bel effet. On le rencontre rarement.

Hauteur : 2 pouces 11 lignes. Largeur : 2 pouces 4 lignes.

345. Vieille avec voile noir.

Un buste de vieille femme gravé à grosses tailles et d'un
ton dur. La tête est vue de trois quarts, et couverte d'un voile
noir par-dessus sa coiffure ; elle est dirigée vers la droite et
éclairée par la gauche. Sa robe est ouverte par-devant, et
doublée de fourrure. Elle porte sous le menton une espèce

de guimpe. Le fond en est clair, à l'exception d'une petite partie ombrée, à la hauteur de l'épaule gauche. Au haut du même côté est gravé : *Rt.* 1631. Assez rare.

Hauteur : 2 pouces 2 lignes. Largeur : 2 pouces.

Il y a trois épreuves différentes de ce morceau.

Première épreuve. Le voile est peu chargé de tailles, l'épaule n'ayant de doubles tailles qu'au milieu de l'ombre.

Seconde épreuve. Le voile est comme dans la première épreuve; mais il y a des contre-tailles ajoutées à l'ombre de l'épaule.

Troisième épreuve. Le voile entièrement ombré de plusieurs tailles, et fort rembruni. L'ombre de l'épaule couverte d'une troisième taille perpendiculaire, et plusieurs autres retouches *.

346. Jeune fille avec panier.

Morceau légèrement gravé et peu ombré, représentant une jeune fille vue un peu plus qu'à mi-corps. Sa tête est de profil, et dirigée vers la gauche. Elle tient un panier du bras droit; une bourse de la forme d'une petite gibecière, pend à son bras gauche qui est plié. Elle est coiffée d'une espèce de chapeau d'homme. Ses cheveux sont retroussés par-derrière; une bandelette lui bride le menton. Elle a autour du cou un mouchoir qui tombe sur ses épaules en manière de petit mantelet. Le fond y est clair, à l'exception de l'ombre de la figure qui est exprimée sur la gauche de l'estampe.

Hauteur : 3 pouces 2 lignes. Largeur : 2 pouces 3 lignes.

---

* N. Marcus a possédé de cette pièce une épreuve, qui est peut-être unique, où le voile n'est que faiblement ébauché, ainsi que toute la tête et le buste ; la fourrure et les plis de la robe n'y sont point du tout exprimés. (Catalogue de Marcus, n° 457.)

347. Mauresse blanche.

Le buste d'une femme, dont la physionomie ressemble a
celle d'une Mauresse, quoique son visage soit blanc. Elle est
tournée vers la gauche de l'estampe, d'où vient le jour, et
posée derrière un petit mur. Sa tête vue presque de profil,
ne laisse apercevoir qu'une partie de l'œil droit; elle est coiffée
d'un voile retroussé et pendant derrière la tête, avec une
plume sur le haut. On lui voit autour du cou un mouchoir,
qui pend plus sur le devant que sur le derrière, et qui n'est
gravé qu'au trait ainsi que le bras droit.

Hauteur : 3 pouces 7 lignes. Largeur : 2 pouces 10 lignes.

Il y a deux épreuves différentes de cette pièce.

Première épreuve. La planche plus grande; elle porte 4
pouces 3 lignes de haut, sur 3 pouces 3 lignes de large. Au haut
de la planche se voit le monogramme de Rembrandt.

Seconde épreuve. La planche réduite, telle qu'elle est décrite ci-dessus. On n'y voit plus le monogramme de Rembrandt,
la partie de la planche où il se trouvait ayant été coupée.

348. Buste de femme âgée.

Un petit morceau légèrement gravé. C'est le buste d'une
femme assez âgée, dont la tête est vue de trois quarts, et
coiffée d'un bonnet ordinaire; elle est dirigée vers la droite,
et éclairée par la gauche. On lui voit au bas du menton un
linge pendant, fait en forme de guimpe de religieuse, qui est
attaché aux deux côtés de son bonnet, et au-dessous une espèce de palatine de fourrure. Le bas de cette planche n'est
point achevé par un trait qui en fixe la grandeur; elle finit
par un contour, qui relève des deux côtés et forme le commencement d'un ovale.

Hauteur : 2 pouces 8 lignes. Largeur : 2 pouces 2 lignes.

Il y en a deux épreuves différentes.

Première épreuve. La planche plus grande; elle porte 2 pouces et près de 9 lignes de haut, sur une largeur de 2 pouces et près de 9 lignes. Elle est peut-être unique.

Seconde épreuve. La planche réduite à la grandeur de l'épreuve ordinaire.

349. Femme avec une grande cornette.

Une tête de femme légèrement gravée, et toujours faible, l'eau-forte ayant peu mordu. Elle est vue de trois quarts, dirigée vers la droite de l'estampe, d'où elle est éclairée, et coiffée d'une ample cornette négligemment mise, dont les deux bouts pendent par-devant des deux côtés. Le corps n'est point achevé. Le fond est blanc à la droite, et légèrement ombré à la gauche.

Hauteur : 2 pouces 4 lignes. Largeur : 1 pouce 11 lignes.

350. Tête de vieille.

Autre tête de vieille vue des trois quarts, et dirigée vers la droite; ses yeux sont baissés. Le haut de la planche est coupé de façon que la tête est privée de la partie supérieure. Au haut de la gauche est écrit : *Rt.* Ce morceau est très-rare.

Largeur : 1 pouce 8 lignes. Hauteur : 1 pouce 5 lignes.

351. Femme lisant.

Une femme assise, vue jusqu'à la moitié du corps, couverte d'une espèce de peignoir, la tête appuyée sur une main, et de l'autre tournant le feuillet d'un livre. Morceau légèrement gravé, et très-rare

Hauteur : 3 pouces 11 lignes. Largeur : 3 pouces 9 lignes.

352. Femme portant lunette et lisant.

Un morceau d'une rareté extrême, gravé librement d'une
pointe fine et fort spirituelle. Il représente une vieille, vue à
mi-corps et un peu de profil, coiffée d'un bonnet tant soit peu
allongé et ayant des lunettes sur son nez. Elle est placée à la
gauche et tournée vers la droite, d'où vient le jour ; elle tient
de ses deux mains un livre ouvert, dans lequel elle paraît lire
avec beaucoup d'attention. Le fond est blanc, à l'exception
d'une petite ombre que l'on voit à la hauteur du visage.

Hauteur : 2 pouces 10 lignes. Largeur : 2 pouces 6 lignes.

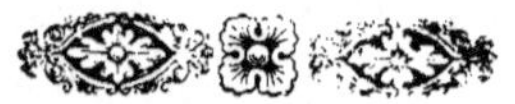

DOUZIÈME CLASSE.

ÉTUDES DE TÊTES ET GRIFFONNEMENTS.

353. Griffonnements, où se voit la tête de Rembrandt très-finie.

CE précieux morceau renferme plusieurs études sur différents sens de la planche. On voit d'un côté vers la partie droite du haut de l'estampe, la tête de Rembrandt parfaitement gravée, presque de face et couverte d'un chapeau qui n'est point achevé ; elle est éclairée par la droite de l'estampe. En tournant l'estampe de gauche à droite, on aperçoit un vieux et une vieille à dos voûtés, qui tous deux tiennent un bâton, et qui vont chacun d'un côté opposé. Au-dessus de ces deux figures est une autre tête de vieille coiffée d'une espèce de guimpe, et au-dessous, une tête de vieillard renversée. En tournant encore l'estampe, il y a un autre griffonnement en face du portrait de Rembrandt, qui désigne la figure d'un vieillard à mi-corps, vu de profil, un peu courbé, dont on ne voit que la tête et le bras gauche.

Largeur : 3 pouces 10 lignes. Hauteur : 3 pouces 8 lignes.

Il y a deux épreuves différentes de cette jolie pièce.

Première épreuve. Presque unique. La planche plus grande, car elle a 4 pouces 2 lignes de large, sur 3 pouces

9 lignes de haut ; les bords en sont raboteux et irréguliers : le fond sale et taché principalement au-dessus de la tête de Rembrandt, sur le bord à gauche vers le milieu, et dans le coin du haut, même côté. Dans cette première épreuve, la tête de Rembrandt, surtout, y est d'une vigueur de ton extraordinaire, et l'expression en est admirable.

Seconde épreuve. Fort difficile à trouver belle de qualité. La planche est nettoyée, et réduite à la grandeur ordinaire.

354. Griffonnements avec un taillis, une étude de cheval, etc.

On voit dans ce morceau qui est de la dernière rareté, un taillis entouré d'une muraille ; au-dessus, vers le haut de la planche, est gravée l'étude d'un cheval ; plus haut, sur le coin gauche, est un petit profil de tête, et sur la droite une autre tête, vue de face, dont le bas n'est point achevé. La seule épreuve que j'en ai vue était sur papier du Japon, et fort chargée de barbes.

Largeur : 5 pouces 1 ligne. Hauteur : 4 pouces.

355. Feuille avec six têtes, au milieu desquelles est le portrait de la femme de Rembrandt.

Six têtes gravées sur une même planche. Au haut de la gauche est la tête d'un vieux Turc, vu presque de profil, regardant vers la droite de l'estampe ; il est coiffé d'un turban. Au milieu est une tête de femme, vue de face, coiffée en cheveux, avec un voile ; il paraît que c'est le portrait de la femme de Rembrandt, parce qu'on y trouve beaucoup de ressemblance avec celui qui est gravé conjointement avec le portrait de cet artiste. A côté, plus à la droite, est une autre tête de femme, vue de face, gravée seulement au trait, et

appuyée sur sa main gauche qui lui cache la bouche. Au-
dessous, dans le milieu, paraît encore une autre tête de
femme, vue de profil, dont les yeux sont baissés. La cinquième tête, aussi celle d'une femme, est placée à la gauche ;
elle est vue de face et coiffée d'un chapeau à grand bord.
Enfin la sixième représente une tête de femme sans coiffure,
placée à la droite de l'estampe, et vue un peu plus que de
trois quarts. On lit au bas vers le milieu : *Rembrandt f.* et
au-dessous 1636. Les belles épreuves avec le fond tant soit
peu teinte, ne sont pas communes.

Hauteur : 5 pouces 7 lignes. Largeur : 4 pouces 7 lignes.

356. Feuille de têtes, avec le buste d'un vieillard vers le milieu *.

Une feuille de griffonnements, presque unique. Elle représente cinq têtes d'hommes, et le buste d'un vieillard, vu presque par le dos, tourné un peu vers la droite ; sa tête est de
profil, et coiffée d'un grand bonnet fourré, contourné d'une
bandelette par le bas, sous lequel est une calotte. Il est couvert d'un habit rapiécé et déguenillé, ceint d'une corde par
le milieu du corps, dont une partie pend au-dessous. Ses
mains sont un peu élevées devant lui, et appuyées sur un
bâton. Sur la gauche, un petit buste de vieillard sans barbe,
dont la tête est couverte d'un grand bonnet fourré, carré par le
haut. Au-dessus de cette tête, en est une autre vue de face
et biffée avec le brunissoir, dont on voit les marques. Vers
la droite, est une tête de profil dirigée de ce côté ; elle porte
une petite moustache sous le nez et coiffée d'un bonnet carré.
Au-dessous, se voit un vieillard à barbe courte, vu de trois

---

* Cette planche a depuis été coupée en cinq, et l'on trouve ces
petites pièces séparées et rangées parmi celles de leurs espèces.

quarts et dirigé vers la gauche, sa bouche ouverte lui donne
l'expression d'un homme qui crie; ses épaules sont couvertes
d'une étoffe rayée. Au haut de la planche vers le milieu est
écrit à rebours : *Rt.*

Largeur : 4 pouces 5 lignes. Hauteur : 3 pouces 8 lignes.

357. Trois têtes de femmes.

Elles sont renfermées pareillement dans un même morceau
La première est placée au milieu du haut. Elle est vue de
face, et couverte d'un voile; la main dont les doigts sont écartés,
est posée sur son visage, et en cache un côté depuis le haut
du front jusqu'au bas de la joue. On voit la seconde au-dessous, vers la droite; elle est vue presque de trois quarts et
tournée de ce même côté. Sa coiffure n'est point achevée.
La troisième, vue de face, ébauchée au simple trait, se trouve
à la gauche. Ce joli morceau n'est pas commun.

Hauteur : 4 pouces 8 lignes. Largeur : 3 pouces 10 lignes.

Il y en a deux épreuves différentes.

Première épreuve. Où il n'y a que la tête du haut; les
deux autres n'ayant été gravées que depuis cette première.
Le fond de la planche est rempli de traits et égratignures.
Fort rare.

Seconde épreuve. Avec les trois têtes.

358. Trois têtes de femmes, dont une qui dort.

Trois têtes renfermées dans une même planche, et gravées
avec tout l'esprit possible. La première est placée au haut
vers la gauche. Elle représente une femme qui dort, la tête
appuyée sur sa main droite. La seconde, à côté de la précé-

dente, est celle d'une autre femme vue de trois quarts, et couverte d'une espèce de voile relevé en forme de bonnet. Enfin la troisième occupe le milieu, au-dessous des deux autres; elle est vue presque de profil, et tournée vers la gauche, les yeux baissés. Le voile qui la couvre n'est qu'au trait. On lit au haut de l'estampe, vers le milieu: *Rembrandt*, et au-dessous: *f.* 1637.

Hauteur : 4 pouces 11 lignes. Largeur : 3 pouces 7 lignes.

359. Griffonnements gravés sur différents sens de la planche.

Un morceau peu commun, contenant plusieurs études gravées avec esprit, d'une pointe fine et légère. On voit d'un côté un vieux et une vieille à mi-corps, tous deux marchant vers la droite, et portant un bâton à la main. Le bas de ces figures n'est point achevé. Au-dessous, du même côté, est une tête de vieillard à grande barbe, vue de trois quarts, et dirigée vers la droite; elle est coiffée d'un bonnet élevé à rebord fourré. Derrière ce vieillard, c'est-à-dire dans la partie gauche de la planche, est le buste d'une vieille, dont la tête est couverte d'un chapeau rond aplati; elle est aussi vue de trois quarts, et pareillement tournée vers la droite; un peu plus de ce même côté on aperçoit la moitié d'une figure de femme, couchée sur un lit, dont il n'y a guère que l'oreiller d'exprimé; elle a son bras gauche étendu, et le droit est appuyé dessus. Au-dessous de cette figure est une tête d'homme, gravée seulement au trait. En retournant l'estampe, on aperçoit au haut de la gauche le buste d'une vieille, dont la tête est couverte d'un bonnet fourré, et qui tient de la main gauche le bord de sa robe; plus bas paraît une femme qui dort sur un lit : elle n'est gravée qu'au trait. On n'y voit ni nom, ni année.

Il porte 5 pouces 7 lignes, sur 5 pouces 1 ligne.

360. Griffonnements peu terminés, où se voit la tête de Rembrandt.

Autre feuille d'études gravées sur différents sens de la planche. On voit d'un côté une femme en pied, vue de profil, et tournée vers la gauche. Son corps est couvert d'une espèce de manteau à manches pendantes, ouvert par-devant. Elle tient un chaudron des deux mains, et à côté d'elle il y a une petite fille, vue par-derrière. Au bas de ces deux figures on lit : *Rt.* 1651, gravé faiblement. En retournant ce morceau d'un autre sens, on aperçoit au milieu une tête d'homme en cheveux, vue de face et ressemblant parfaitement à Rembrandt, et à côté, plus haut vers la gauche, la moitié d'une figure de vieillard, dont la tête de profil, est couverte d'un bonnet. Cette estampe gravée très-légèrement et peu finie, ne se trouve pas communément.

Elle porte 4 pouces 1 ligne, sur 3 pouces 6 lignes.

361. Étude d'un chien.

Un morceau extrêmement rare, où l'on ne voit dans toute l'étendue de la planche que la seule étude d'un chien, qui est tourné vers la droite. Il est placé au bas de la gauche, et il n'y a que la tête qui soit achevée.

Largeur : 5 pouces - lignes. Hauteur : 4 pouces 4 lignes.

362. Griffonnement avec un arbre.

Dans un sens de cette petite estampe rare, se voit une figure debout au pied d'un grand arbre, qui monte presque jusqu'au haut, et vers lequel cette figure est tournée. En retournant la planche, on aperçoit dans la partie gauche le commencement d'une tête, dans laquelle il n'y a d'achevé que le front, l'œil et le bonnet. Le reste est tout-à-fait indécis. Ce qu'il y a de gravé, est très-fini et d'un goût admirable.

Hauteur : 2 pouces 11 lignes. Largeur : 2 pouces 6 lignes.

363. Griffonnements séparés par une ligne.

Une petite pièce, sur laquelle on voit à droite deux petites figures au trait, dont une qui est la plus terminée a la tête couverte d'un bonnet élevé, et n'est vue que jusqu'aux genoux. L'autre figure n'est tracée qu'imparfaitement. Il y a un trait qui sépare cette planche en deux par le milieu. Sur la gauche se voient plusieurs petits traits, dont on ne peut guère déterminer la figure. Ce morceau est de la plus grande rareté.

Hauteur : 2 pouces 10 lignes. Largeur : 1 pouce 8 lignes.

364. Trois têtes de vieillards.

Une feuille contenant trois têtes de vieillards, vues de profil et dirigées vers la droite. Il paraît que Rembrandt a cherché à exprimer le même caractère dans ces trois têtes. La plus finie est dans le haut de la planche à gauche; au-dessous en est une autre légèrement esquissée et ensuite biffée d'un trait en zigzag. A côté de cette dernière, sur la droite, est une tête semblable, dont on voit une partie du buste légèrement exprimée. Les bords de la planche sont assez raboteux. Ce morceau gravé d'une pointe brillante avec tout l'esprit et le goût connus à Rembrandt, ne se rencontre que très-rarement.

Hauteur : 3 pouces 7 lignes. Largeur : 3 pouces.

365. Étude d'une tête de femme.

On voit dans ce morceau infiniment rare l'étude d'une petite tête de femme, très-légèrement gravée dans le bas de la droite de l'estampe. Elle est coiffée d'une simple cornette, et son corps est tourné vers la droite.

Hauteur : 2 pouces 3 lignes. Largeur : 2 pouces.

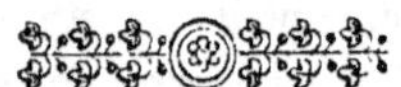

ÉCOLE
DE REMBRANDT.

PRINCIPALES PIÈCES

GRAVÉES

PAR JEAN-GEORGES VAN-VLIET.

366. Vieille femme assise et lisant.

Un morceau bien gravé et très-fini; il représente une vieille femme, vue un peu plus que de profil, coiffée d'une étoffe brodée qui lui entoure la tête et retombe sur l'épaule. Son corps dirigé vers la gauche de l'estampe, est couvert d'un manteau de fourrure, au travers duquel passe sa main gauche, qui est appuyée sur un grand livre qu'elle lit. Elle est assise sur un siége sculpté, et son pied droit est posé sur une chaufferette.

Hauteur : 10 pouces 4 lignes. Largeur : 8 pouces 4 lignes.

367. Loth et ses filles.

Autre morceau parfaitement gravé, et d'un bel effet. Loth est placé sur le devant de l'estampe vers la droite; il est vu de face en raccourci, renversé par terre, la bouche ouverte, et les jambes en avant; son bras gauche élevé; il renverse sa tasse. Une de ses filles, qui est assise et vue par le côté, tient une cruche de la main droite; l'autre est vue de face et debout derrière lui. Sur le haut de la gauche est la ville de Sodome en feu, et l'on voit sur le chemin la femme de Loth métamorphosée en statue de sel. On lit dans la marge du bas: *Rt. Van Ryn, inventor, 1631. Van-Vliet fecit.* Les figures y sont dessinées d'une manière un peu lourde, ce qui était assez ordinaire à Rembrandt, surtout dans le nu; mais le clair-obscur y est admirable.

Hauteur : 10 pouces 4 lignes. Largeur : 8 pouces 4 lignes.

Il y en a deux épreuves différentes.

Première épreuve. Moins travaillée dans le fond vers la droite.

Seconde épreuve, où cette même partie est plus chargée de tailles.

368. Saint Jérôme.

Superbe morceau très-fini, lumineux et d'un grand effet; il représente un souterrain, dans lequel se voit le saint à genoux devant un grand livre ouvert, et tenant un crucifix des deux mains. Il est vu par-derrière, et sa tête est de profil. Sur-le-devant est une natte de paille étendue par terre, qui paraît lui servir de lit. Sur la droite, on aperçoit une partie de lion, qui est couché les pates en avant et la tête levée. On lit au haut de la droite : *Rt. V. Ryn., in. V. Vliet fec.* 1671. Les belles épreuves en sont extrêmement rares.

Hauteur : 13 pouces 3 lignes. Largeur : 10 pouces 6 lignes.

369. Autre saint Jérôme.

Le saint est assis au pied d'un tronc d'arbre, lisant dans un livre. Morceau rare et d'une exécution assez brillante.

Hauteur : 12 pouces 6 lignes. Largeur : 8 pouces.

370. Suite de gueux ou mendiants.

En dix pièces de 3 pouces 5 — 6 lignes de haut, sur 2 pouces 5 — 6 lignes de large.

1. Le titre représente deux pauvres estropiés assis au bas d'une toile tendue, derrière laquelle on voit un homme donnant l'aumône au pauvre, qui est à la gauche de l'estampe. Sur la toile est écrit : *Byt gœve bestaet ons leeve. J. G. Van Vliet f.* 1632.

2. Un gueux avec une jambe de bois. Il marche à l'aide de deux béquilles, en dirigeant ses pas vers la droite.

3. Autre portant une femme malade sur son dos.

4. Un autre gueux vu par le dos, marchant à l'aide de deux béquilles vers la droite.

5. Autre accroupi sur une butte, s'appuyant de ses deux mains sur son bâton. A son côté gauche il a une épée, une giberne et une calebasse.

6. Une gueuse assise au pied d'un arbre, cherchant les poux à un enfant couché à ses pieds.

7. Un mercier assis au pied d'un arbre, étendant la main droite, et posant l'autre sur sa cassette.

8. Un vendeur de mort-aux-rats dirigeant ses pas vers la gauche.

9. Un soldat portant un bouclier dessous le bras droit.

10. Une femme jouant du violon en dansant.

Cette petite suite est gravée d'une pointe fine, brillante et pleine de goût.

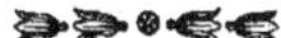

PIÈCES CHOISIES

DE L'OEUVRE

DE FERDINAND BOL.

371. Le sacrifice d'Abraham.

Gʀᴀɴᴅ morceau cintré par le haut, fort bien composé et gravé avec légèreté. Aux premières épreuves, il se trouve de la manière noire dans plusieurs endroits.

Hauteur : 15 pouces. Largeur : 12 pouces.

372. Saint Jérôme dans une caverne.

Ce saint est assis vers la droite de l'estampe sur une butte, s'appuyant du bras gauche; il a les hanches couvertes d'une draperie, qui descend de la partie supérieure à la butte. Il considère un petit crucifix qu'il tient de ses deux mains jointes. Le local est une caverne, au fond de laquelle se voit une voûte et un lion couché. Un chapeau rond, une calebasse et quelques rosaires sont suspendus au-dessus du saint vers la droite. Sur le devant du même côté est un grand livre ouvert, posé à terre contre une tête de mort et un os. Au-dessus de ce livre est écrit sur la butte : *f. Bol f.* Ce morceau cintré par le haut, est gravé d'une pointe extrêmement légère et pittoresque, et ne se trouve pas communément beau d'épreuve.

Hauteur : 10 pouces 6 lignes. Largeur : 9 pouces.

373. Astrologue *.

Un vieillard dormant profondément. Il a une longue barbe blanche, et porte un bonnet sur la tête. Il est assis devant une table, sur laquelle on voit plusieurs livres, une chandelle et un globe. De la main droite il tient une plume, et de la gauche des lunettes, qui sont en partie cachées par sa robe ; il est dirigé vers la droite de l'estampe, d'où vient le jour. Sur la gauche il y a une colonne qui monte jusqu'au haut, et sur la droite un rideau relevé et une armoire cintrée. Tout le fond est couvert de doubles tailles. Ce morceau, d'un effet piquant, est gravé d'une pointe fine et spirituelle. Très-rare : on a à lui reprocher seulement un peu de sécheresse.

Hauteur : 5 pouces 2 lignes. Largeur : 4 pouces 4 lignes.

374. Philosophe en méditation.

Il est assis et vêtu d'une grande robe, avec un bonnet de Mezetin. Son bras gauche est appuyé sur une table, où l'on voit quelques livres et un globe. Sa main droite, dans laquelle il tient des lunettes, repose sur son genou. Le fond est clair à la gauche, et à la droite paraissent une bibliothèque et un rideau relevé. Ce morceau cintré par le haut est presque aussi beau pour l'expression et l'effet, que s'il était de Rembrandt.

Hauteur : 8 pouces 6 lignes. Largeur : 6 pouces 7 lignes.

Il y a deux épreuves différentes de ce morceau.

Première épreuve. Moins travaillée dans toutes ses parties.

* Bartsch attribue cette pièce à Rembrandt, voyez le n° 145 de son catalogue ; mais d'après l'opinion des premiers connaisseurs, elle est incontestablement de F. Bol, dont elle porte tout le caractère.

Seconde épreuve. Terminée telle qu'on la rencontre ordinairement.

375. Un vieillard philosophe.

Un vieillard à grande barbe, assis devant une table, et lisant dans un livre qu'il tient de ses deux mains. Il est vu de trois quarts, et dirigé vers la droite, d'où vient le jour. A sa gauche sur la table il y a deux globes, et derrière lui dans le fond on voit un pilier, qui s'élève jusqu'au haut de la planche, et qui n'est marqué qu'au trait. On lit au haut vers la droite : *F. Bol f.* 1642.

Hauteur : 7 pouces 9 lignes. Largeur : 6 pouces 1 ligne.

Il y a deux épreuves différentes de ce morceau.

Première épreuve. On n'y voit pas le pilier qui s'élève derrière le vieillard, de même que les hachures qui sont dans le fond sur la gauche et vers le haut de l'estampe. Le fauteuil n'est que légèrement ébauché et formé de simples tailles. Le sujet est généralement moins travaillé dans toutes ses parties.

Cette épreuve est extrêmement rare.

Seconde épreuve. Celle qui est décrite ci-dessus : elle est finie et produit beaucoup plus d'effet que la première épreuve.

376. Vieillard assis.

Un vieillard assis portant un bonnet de Mezetin. Il tient sa main gauche sur le bras de son fauteuil, et la droite dans sa robe qui est ouverte par-devant, bordée de fourrure et attachée avec une boucle. Le fond est sale. L'on voit à la droite de l'estampe quelques livres, et un chandelier avec une chandelle non allumée. On lit vers le haut de la gauche dans le fond : *Bol.* Ce morceau est rare.

Hauteur : 7 pouces. Largeur : 4 pouces 9 lignes.

Il y en a deux épreuves différentes.

Première épreuve. Extrêmement rare. Elle est moins travaillée dans toutes ses parties, et l'on n'y trouve point le nom de Bol.

Seconde épreuve. Plus travaillée et avec le nom de Bol.

377. Vieillard à barbe frisée.

Un portrait de vieillard à mi-corps, gravé avec beaucoup d'esprit, et d'une manière qui approche celle de Rembrandt. La tête est d'un très-beau caractère; les cheveux et la barbe qui sont également crépus et frisés, se confondent ensemble; elle est vue de face, et couverte d'un bonnet de Mezetin. Le corps est dirigé vers la droite; il porte une robe garnie de fourrure, et ses deux mains sont posées devant lui sur une canne. Le fond est clair, à l'exception d'une petite ombre assez forte, exprimée au bas de la droite, au-dessus du bras gauche. On lit au haut de la droite : *F. Bol f.*, et au-dessous : 1642. Le chiffre 4 est à rebours.

Hauteur : 3 pouces 6 lignes. Largeur : 3 pouces 2 lignes.

378. La femme à la poire.

Jeune femme paraissant à une fenêtre. Elle est vue de face, et a la tête couverte d'un voile. Elle s'appuie sur son bras gauche, et tient une poire de la main droite. Au bas de la gauche, sur l'appui de la fenêtre, est écrit : *Bol f.* 1651. Ce morceau, gravé avec intelligence et esprit, est d'un bel effet dans les épreuves tirées de la planche non ébarbée.

Hauteur : 5 pouces 5 lignes. Largeur : 4 pouces 5 lignes.

379. Portrait de vieillard en buste.

Le buste d'un vieillard vu de face, et renfermé dans un ovale coupé par le haut. Il est dirigé vers la droite, et couvert d'une robe bordée de fourrure, et attachée par une agrafe de diamants. Le fond est couvert de tailles, excepté à la gauche au-dessus de l'épaule. Ce morceau fini avec soin, est d'un effet piquant et velouté, produit en partie par les barbes laissées sur la planche. Je le compare aux plus belles productions de Rembrandt. De la plus grande rareté.

PIÈCES CHOISIES

DE L'OEUVRE

DE JEAN LIVENS.

380. La résurrection de Lazare.

Ce morceau rare est d'un effet presque aussi beau que s'il était de Rembrandt. On y voit sur le devant à droite, et tout au bas de l'estampe, un cercueil placé dans un tombeau, sur le mur duquel Jésus-Christ est debout, ayant les mains jointes et les doigts entrelacés, levant la tête au ciel, et semblant dire : Mon père, je vous rends grace de ce que vous m'avez exaucé. Les deux mains de Lazare sortent étendues de son cercueil. Sur la gauche de l'estampe, au haut d'un roc, on voit Marthe tenant un linceul, et derrière elle, une autre femme et quatre hommes qui expriment leur étonnement. Le fond est une caverne éclairée par les rayons dont Jésus-Christ est entouré. On n'y voit d'ombre que sur une partie de voûte qui est au haut de la gauche, et d'où pendent plusieurs branches sauvages.

Hauteur : 13 pouces. Largeur : 11 pouces 6 lignes.

Il y a deux épreuves différentes de ce morceau.

Première épreuve. Elle est généralement moins travaillée. On n'y voit point de branches sauvages au haut de la voûte, et les lettres IL sont marquées au mur sous les pieds de Jésus-Christ.

Seconde épreuve. Toutes les ombres fortes sont retouchées au burin. Le haut de la voûte s'étend jusque vers le milieu de l'estampe, et on y voit plusieurs branches sauvages qui en descendent. Au lieu des lettres IL, on lit : *ILivens fecit. Franc. Vanden Wyngaerde ex.*

381. Saint François.

Saint-François assis dans une grotte. Il est dirigé vers la droite, d'où vient le jour. Il tient les mains croisées, et semble méditer. On lit sur la motte qui lui sert de siége : *IL , fec.*

Hauteur : 7 pouces 9 lignes. Largeur : 5 pouces 6 lignes.

Il y a deux épreuves différentes de ce morceau.

Première épreuve. La planche plus grande ; elle porte 9 pouces de hauteur, sur 6 pouces 8 lignes de large : on n'y voit pas le chiffre de Livens.

Seconde épreuve. La planche coupée tout autour. La figure est retouchée au burin en plusieurs endroits. Le bas de sa robe, dont le contour se confond avec la motte de terre dans la première épreuve, est distinctement marqué dans cette seconde. L'ombre noire, dont la motte est couverte, est en partie effacée, et on a placé dans cette partie les lettres *IL fec.*

382. Portrait de Juste Vondel.

Ce poëte vu presque de face, est dirigé un peu vers la droite de l'estampe. Il porte deux moustaches au-dessus de la lèvre supérieure et une au menton. Sa tête est couverte d'une petite calotte ronde. Il est vêtu d'une robe boutonnée par-devant, et surmontée d'un rabat blanc. Un manteau qu'il relève de ses deux mains, entre lesquelles il tient un rouleau de papier, couvre ses épaules. On aperçoit dans le fond un paysage au travers d'une couverture. Ce morceau est gravé à l'eau-forte.

et terminé au burin. Dans la marge du bas se trouvent écrits quatre vers latins qui commencent ainsi : *Agrippina parens ortum* , etc., et tout-à-fait au-dessous : *J. Livius delineavit. A. de Wees excudit.* Les épreuves avec l'adresse de Théodore Matham sont postérieures.

Hauteur : 11 pouces 10 lignes. Largeur : 8 pouces 9 lignes.

Il y a deux épreuves antérieures à celle qu'on vient de décrire.

Première épreuve. De la dernière rareté. Elle n'est gravée qu'à l'eau-forte. Le fond est tout-à-fait blanc ; mais elle est sèche et de peu d'effet.

Seconde épreuve. Terminée et sans aucune espèce d'écriture dans la marge du bas.

A ces pièces choisies peuvent se joindre les trois têtes orientales copiées d'après Rembrandt.

FIN